L'enfant à l'épreuve de la séparation parentale

Droit privé et sciences criminelles

Collection dirigée par Yves Strickler

Créée fin 2011 par Yves Strickler et le Centre d'études et de recherches en droit privé (devenu le Centre d'études et de recherches en droit des procédures en 2013) de la Faculté de droit et science politique de Nice, la présente collection a pour vocation principale de publier des ouvrages en liaison avec le thème retenu pour dénomination de la collection. Cette dernière rassemble des recherches originales, tirées notamment de travaux de recherche, de manifestations scientifiques ainsi que d'ouvrages collectifs sur les interrogations actuelles que rencontre la science juridique, spécialement dans le domaine du droit privé et des sciences criminelles.

Parutions antérieures

Médiations et entreprises. Regards croisés droit et gestion (dir. Gulsen Yildirim, Isabelle Sauviat et Romain Dumas), janv. 2019, 142 pages
La procédure (dir. Joanna Genovese et Giovanna Debernardi), octobre 2018, 138 pages
Techniques de critique d'une décision « définitive ». Imprécision sémantique et pérennité des décisions de justice en procédure civile, Tennessee Caen, juin 2018, 160 pages
Réforme de la prescription pénale (dir Christine Courtin et Jean-Raphaël Demarchi), juin 2018, 154 pages
Droit des sociétés et procédures collectives (dir. Laurence-Caroline Henry), janvier 2018, 207 pages
Le concept d'arbitrage (dir. Camille Leroy et Loïc Yboud), décembre 2017, 221 pages
Procédure civile et nouvelles technologies, Delphine de Lorgeril, septembre 2017, 164 pages
Mélanges en l'honneur du Doyen Roger Bernardini, « Parcours pénal » (dir. Christine Courtin, Marc Dalloz, Fabienne Ghelfi, Jean-François Renucci), mars 2017, 313 pages
Victor Hugo et les magistrats, Marcel Foulon, octobre 2016, 198 pages
Variations juridiques et sociologiques - Regards experts sur les grandes mutations du droit (dir. Marc Dalloz), septembre 2016, 141 pages

Sous la direction de
Laetitia ANTONINI-COCHIN et Marie-Cécile LASSERRE

L'enfant à l'épreuve de la séparation parentale

L'Harmattan

5-7, rue de l'Ecole-Polytechnique, 75005 Paris

http://www.editions-harmattan.fr

ISBN : 978-2-343-17309-2
EAN : 9782343173092

Responsables scientifiques

Laetitia ANTONINI-COCHIN
&
Marie-Cécile LASSERRE

Auteurs (ordre alphabétique) :

Laetitia ANTONINI-COCHIN, Maître de conférences HDR, Université Côte d'Azur, directrice du Master 2 droit des responsabilités, directrice adjointe du CERDP (E.A. n° 1201), codirectrice de l'IEJ de Nice

Géraldine ASSADOURIAN, Avocat au Barreau de Grasse, secrétaire et membre de l'Institut du Droit de la Famille et du Patrimoine de Grasse

Nathalie BEURGAUD, Avocat au barreau de Nice, membre de l'Association des praticiens en Droit de la Famille

Yolaine BREYTAU-DUFAU, Avocat au Barreau de Nice, membre de l'Association des praticiens en Droit de la Famille

Isabelle IMBERT-DUHAMEL, Vice-présidente du TGI de Grasse

Marie-Cécile LASSERRE, Maître de conférences, Université Côte d'Azur, membre du CERDP (E.A. n° 1201)

Carole MONCHANT, psychologue

Leslie PEROT LERDA, Avocat au Barreau de Grasse, secrétaire et membre de l'Institut du Droit de la Famille et du Patrimoine de Grasse

Sandrine SETTON, Avocat au barreau de Nice, membre l'Association des praticiens en Droit de la Famille

Christelle SIMLER, Maître de conférences, Université de Strasbourg, membre du Centre de Droit privé fondamental (E.A. n° 1351)

Sommaire

PREMIÈRE PARTIE

LE SORT DE L'ENFANT

L'ENFANT ET LE DIVORCE PAR CONSENTEMENT MUTUEL

Christel SIMLER

Le divorce par consentement mutuel connaît aujourd'hui deux variantes. À côté du divorce par consentement mutuel judiciaire, a été créé par la Loi du 18 novembre 2016[1] le divorce par consentement mutuel par acte sous signature privée contresigné par avocats, déposé au rang des minutes d'un notaire. Les époux qui n'ont pas d'enfant mineur doté de discernement consentent mutuellement à leur divorce par acte sous signature privée. Ceux d'entre eux qui souhaitent un divorce judiciaire doivent nécessairement se tourner vers un divorce contentieux. Le divorce par consentement mutuel des époux parents d'un enfant mineur doté de discernement connaît en revanche deux formes. Il est judiciaire lorsque l'enfant mineur manifeste sa volonté d'être entendu par un juge. Il est un divorce par acte sous signature privée lorsqu'il y renonce.

Si toute séparation parentale est sans aucun doute une épreuve pour l'enfant, le choix auquel le divorce par consentement mutuel confronte l'enfant est une épreuve supplémentaire. Cette implication de l'enfant dans le divorce de ses parents est une spécificité du divorce par consentement mutuel (I). L'autre spécificité de ce divorce est sa variante purement conventionnelle. Les conséquences d'un divorce sans juge, pour les enfants, appellent des développements qui lui sont propres (II).

I. L'implication de l'enfant dans le divorce par consentement mutuel

La présence d'un enfant mineur n'impose pas, à elle seule, un divorce par consentement mutuel judiciaire. Ce constat préoccupant a été fait par la doctrine dès les premières discussions parlementaires relatives à ce divorce[2]. À cette inquiétude a succédé une série de critiques émanant tant des théoriciens du droit que des praticiens. La doctrine a regretté le recul de la

---

[1] Loi n° 2016-1547 du 18 novembre 2016 de modernisation de la justice du XXIe siècle.

[2] F. Dekeuver-Défossez, *Un divorce sans juge ?*, Revue Lamy Droit civil 2016, n° 139 ; S. Prétot, *L'enfant dans le nouveau divorce par consentement mutuel : danger et incohérence du droit positif*, RJPF 2017, p. 39.

dimension institutionnelle du mariage[3]. Les notaires se sont plaints de leur rôle cantonné à celui « *de simple vérificateur de forme* »[4] et se sont inquiétés d'une remise en cause de la notion de force exécutoire[5]. Les avocats se sont émus de la méfiance formulée à leur égard. Ont été décriées la fragilité de la convention de divorce, susceptible d'annulation[6], et son incompatibilité avec le droit de l'Union[7]. Cet abondant flot de critiques et d'interrogations a presque fini par occulter l'atteinte portée par ce divorce aux intérêts de l'enfant.

La préservation des intérêts de l'enfant ne justifie plus l'intervention systématique d'un juge lors du divorce par consentement mutuel de ses parents. Cette protection est à présent un choix (A) qui n'est offert qu'à certains enfants (B) au cours du processus de divorce de leurs parents (C).

A. LE CHOIX DE L'ENFANT

En présence d'un enfant commun mineur doté de discernement, le divorce par consentement mutuel peut être judiciaire ou conventionnel. C'est le choix de l'enfant mineur d'être entendu ou non par un juge qui impose aux époux les modalités de leur divorce. La volonté de l'enfant est consignée dans un « *formulaire destiné à chacun des enfants mineurs, qui mentionne son droit de demander à être entendu dans les conditions de l'article 388-1* [du Code civil] *ainsi que les conséquences de son choix sur les suites de la procédure* » (CPC, art. 1144). Ce formulaire[8] s'achève par la

---

[3] C. Brunetti-Pons, *Un divorce « sans juge » pour un droit « déréglé »*, D. de la famille 2016, dossier 28, n° 14 ; M. Juston, *Le divorce par consentement mutuel sans juge : une opération sans chirurgien. Le point de vue du magistrat*, D. de la famille 2016, dossier 25.

[4] G. Bonnet, *Divorce sans juge. Le point de vue du notaire*, D. de la famille 2016, dossier 26.

[5] Ch. Blanchart, *La fonction du notaire dans le divorce déjudiciarisé*, JCP N 2017, 1002, n° 12 et s.

[6] H. Fulchiron, *Le divorce sans juge, c'est maintenant. Et après ? (Observations sur l'après-divorce sans juge)*, D. de la famille 2017, dossier 4 ; F. Chénédé, *Divorce et contrat. À la croisée des réformes*, AJ Famille 2017 p. 26 ; J. Casey, *Le nouveau divorce par consentement mutuel, Une réforme en clair-obscur*, AJ Famille 2017 p. 14, n° 37 ; S. Thouret, *L'après-divorce conventionnel : vers le retour du juge !*, AJ Famille 2017 p. 42.

[7] A. Boiché, *Divorce 229-1 : aspect de droit international privé et européen ; La France, nouveau Las Vegas du divorce ?* AJ Famille 2017 p. 57. A. Devers, *Le divorce sans juge en droit international privé*, Dr. famille 2017, dossier 5.

[8] Dont un modèle est proposé par l'Arrêté du 28 décembre 2016 fixant le modèle de l'information délivrée aux enfants mineurs capables de discernement dans le cadre

mention « *J'ai compris que, suite à ma demande, un juge sera saisi du divorce de mes parents. Je souhaite être entendu(e) : OUI NON* ». Il est complété, daté et signé par l'enfant.

L'implication de l'enfant dans une procédure intéressant ses parents n'est pas une nouveauté. Aux termes de l'article 388-1 du Code civil, « *dans toute procédure le concernant, le mineur capable de discernement peut, sans préjudice des dispositions prévoyant son intervention ou son consentement, être entendu par le juge ou, lorsque son intérêt le commande, par la personne désignée par le juge à cet effet* ». Il peut notamment exprimer ses sentiments auprès du juge saisi d'une demande d'homologation de la convention par laquelle ses parents organisent les modalités d'exercice de leur autorité parentale (C. civ., art. 373-2-7). Pour autant, l'impact de la parole de l'enfant dans cette dernière hypothèse n'a rien de comparable avec l'incidence du choix de l'enfant dans un divorce par consentement mutuel.

Hors procédure de divorce, lorsque des parents organisent par convention l'exercice de leur autorité parentale, un juge est saisi d'une demande d'homologation et l'enfant peut manifester la volonté de le rencontrer. Lorsque des époux entreprennent un processus de divorce par consentement mutuel, aucun juge n'est *a priori* saisi. En cochant la case « NON » du formulaire, l'enfant permet à ses parents de poursuivre leur processus de divorce par consentement mutuel par acte sous signature privée. En cochant « OUI », l'enfant impose à ses parents d'y renoncer. Il les oblige, pour mener à bien leur projet de divorce, à emprunter la voie judiciaire.

Plutôt que de systématiquement imposer le contrôle d'un juge en présence d'un enfant mineur, le législateur a préféré laisser à l'enfant du couple le soin de décider ou non de la nécessaire homologation judiciaire de la convention de divorce de ses parents. Ce dispositif est d'abord contestable parce qu'il responsabilise l'enfant, en lui confiant la protection de ses propres intérêts[9]. Mais en donnant à l'enfant le pouvoir d'entraver ses parents dans leur projet de divorce conventionnel, ce dispositif a aussi le défaut d'exposer le mineur aux éventuelles pressions de ses parents. Selon la

---

d'une procédure de divorce par consentement mutuel par acte sous signature privée contresigné par avocats, déposé au rang des minutes d'un notaire.

[9] « *Attribuer ce pouvoir à l'enfant, n'est-ce pas le rendre auteur de sa propre protection et mettre fin à son droit à l'irresponsabilité qui caractérise cette période ?* » (Ph. Buratti, *Réflexion sur l'arrêté du 28 décembre 2016 fixant le modèle de l'information délivrée aux enfants mineurs capables de discernement dans le cadre du nouveau divorce par consentement mutuel*, AJ Famille 2017 p. 30).

circulaire de présentation du nouveau divorce par consentement mutuel[10], le dispositif législatif anticiperait un tel danger. « *Afin d'éviter toute pression sur l'enfant qui demande à être entendu, la procédure prévue par l'article 229-1 du code civil n'est plus possible dès que cette demande est faite dans les conditions de l'article 1148-2 du code de procédure civile, ce qui inclut l'hypothèse où l'enfant reviendrait ensuite sur son souhait d'être entendu pour y renoncer* »[11]. Ce n'est pas convaincant. Après avoir manifesté le souhait d'être entendu par un juge (en cochant « OUI »), si l'enfant (influencé ou non) y renonçait, qui s'opposerait sérieusement à ce que la version modifiée du formulaire soit annexée ? Les parents ? Les avocats ? (eh bien les parents changeront d'avocat !). Même le dépôt d'une requête en divorce par consentement mutuel judiciaire ne saurait empêcher efficacement un désistement d'instance et un retour à un processus conventionnel. Évidemment, nombre de parents auront le souci de préserver leur enfant en l'exposant le moins possible à leur processus de divorce. Afin d'épargner à ce dernier le poids d'un choix, certains parents seront même tentés de présenter ce formulaire comme une simple formalité. Humainement compréhensible, cette pratique priverait néanmoins l'enfant de la protection que lui offre la loi.

Garant de sa propre protection, exposé à des pressions, parfois instrumentalisé par ses parents, l'enfant pourvu de discernement est doté d'une protection imparfaite. Mais que dire alors des enfants les plus jeunes à qui ce choix d'être entendu par un juge n'est pas offert ? Seul l'enfant doté de discernement a le choix des modalités du divorce de ses parents. Seul l'enfant doté de discernement peut donc prétendre à une protection de ses intérêts par un juge. Intéressons-nous à cet enfant, auteur du choix.

B. L'ENFANT, AUTEUR DU CHOIX

La loi n'offre pas à tous les enfants la faculté de choisir d'être ou non entendu par un juge. Seul l'enfant doté de discernement a ce choix. L'appréciation des capacités de discernement de l'enfant est donc décisive. Comment et par qui la capacité de discernement de l'enfant est-elle déterminée ?

---

[10] Circulaire du 26 janvier 2017 de présentation des dispositions en matière de divorce par consentement mutuel et de succession issues de la loi n° 2016-1547 du 18 novembre 2016 de modernisation de la justice du XXIe siècle et du décret n° 2016-1907 du 28 décembre 2016 relatif au divorce prévu à l'article 229-1 du Code civil et à diverses dispositions en matière successorale.

[11] Fiche 4 de la Circulaire du 26 janv. 2017 intitulée « *La procédure du divorce par consentement mutuel. La phase d'élaboration de la convention par les avocats* », p. 4.

Si l'âge n'est pas le seul critère d'appréciation des facultés de discernement de l'enfant, il entre naturellement dans cette évaluation. À partir de 13 ou 14 ans, les enfants sont le plus souvent jugés dotés de discernement. Avant 9 ans, peu de juges leur reconnaissent cette capacité[12]. Entre 9 et 13 ans, aucune tendance ne se dégage clairement de la jurisprudence[13]. Les mêmes paliers devraient être observés en cas de divorce par consentement mutuel. L'appréciation de la capacité de discernement de l'enfant présente toutefois, dans ces circonstances, une spécificité.

Lorsqu'un enfant demande à être entendu par le juge, « *dans toute procédure le concernant* », sur le fondement de l'article 388-1 du Code civil, sa capacité de discernement est appréciée par ce même juge. Dans un processus de divorce par consentement mutuel, c'est en revanche aux époux, et non pas à un juge, qu'il appartient d'apprécier la capacité de discernement de leur enfant. S'ils l'en estiment dénué, la convention de divorce n'a qu'à mentionner « *que l'information prévue au 1° de l'article 229-2 du code civil n'a pas été donnée en l'absence de discernement de l'enfant mineur concerné* » (CPC, art. 1144-2). Aucun juge n'est alors saisi, et l'appréciation des parents n'est, par conséquent, soumise à aucun contrôle. C'est uniquement en cas de demande d'audition formulée par l'enfant, parce que le divorce par consentement mutuel doit alors prendre une forme judiciaire, qu'un juge est conduit, après les parents, à apprécier l'existence réelle d'un discernement de l'enfant.

Quelle conséquence dans le déroulé de la procédure aurait un défaut de discernement suffisant de l'enfant constaté par le juge saisi du divorce par consentement mutuel judiciaire de ses parents ? Considérant que la seule demande d'audition suffit à fermer les portes du divorce par acte sous signature privée, le juge pourrait-il prononcer un divorce par consentement

---

[12] La Circulaire du 26 janv. 2017 (Fiche 4, p. 3) envisage toutefois le cas de l'enfant capable de discernement qui ne sait pas lire et à qui le formulaire doit être lu. Doit-on comprendre que la circulaire envisage qu'un enfant puisse être doté de discernement à un âge où il n'a pas encore appris à lire correctement ?

[13] L. Brillan, *L'audition du mineur devant le JAF : examen des arrêts d'appel*, Dossier « Parole de l'enfant », AJ Famille 2004 p. 22. L'âge n'est pas le seul critère, la maturité et le degré de compréhension de l'enfant doivent également être pris en compte pour apprécier sa capacité de discernement. La Cour de cassation a ainsi cassé un arrêt d'appel pour avoir rejeté une demande d'audition au motif que l'enfant n'était âgé que de 9 ans, sans aucune autre mention de nature à expliquer en quoi, malgré ce jeune âge, il n'était pas capable de discernement (Cass. civ. 1ère, 18 mars 2015, n° 14-11.392, AJ Famille 2015 p. 282).

mutuel judiciaire[14] ? Ou bien le juge devrait-il se déclarer incompétent pour connaître du divorce[15] ? On ne peut exclure qu'une erreur manifeste d'appréciation de la capacité de discernement d'un enfant par ses parents confronte un juge à ces questions.

Toutefois, c'est plutôt une sous-évaluation de la capacité de discernement de l'enfant par ses parents qu'il faut craindre. À partir des 13 ou 14 ans du mineur, un formulaire dûment complété par lui doit être attendu aussi bien par les avocats des époux que par le notaire chargé d'enregistrer le divorce. Pour un enfant plus jeune, suffisamment mature mais dont le seul âge ne permet pas de présupposer un discernement suffisant, ni l'assistance d'avocats ni le contrôle d'un notaire (qui ne rencontrent pas l'enfant) ne peuvent pallier l'absence du juge. Pour ces enfants, la parole de l'enfant est soumise au bon vouloir de ses parents. Au risque d'un choix orienté de l'enfant, déjà évoqué, il faut donc ajouter le risque d'un choix dénié. Nous allons à présent démontrer que le moment auquel il lui est demandé de choisir ne permet pas à l'enfant d'émettre un choix éclairé.

C. LE MOMENT DU CHOIX

Le formulaire d'information complété par l'enfant est annexé au projet de convention de divorce par la suite envoyé aux époux puis signé par eux. Il est ainsi demandé à l'enfant de formuler son choix, alors même que la convention n'en est qu'au stage de projet, à un moment où son contenu n'est pas encore arrêté. Ce sont pourtant les conditions de sa garde, telles que décrites dans la convention (définitive), qui peuvent conduire un enfant à souhaiter être entendu par un juge. L'enfant doit formuler son choix trop tôt.

Après avoir renoncé à être entendu par un juge, le mineur peut-il revenir sur son choix ? Aucun texte ne précise que le choix du mineur est définitif. L'article 1148-2 du Code de procédure civile dispose que la juridiction doit être saisie « *dès qu'un enfant mineur manifeste son souhait d'être entendu par le juge* ». Cette formulation permet de reconnaître à l'enfant le droit de demander son audition à tout moment. Cette lecture est d'ailleurs la seule conforme à l'intérêt de l'enfant. En effet, le choix de l'enfant d'être entendu par un juge intervient tôt dans le processus de divorce. Le formulaire complété par l'enfant doit être annexé au projet de convention envoyé, avant signature, aux époux par leurs avocats. L'enfant opère donc nécessairement

---

[14] S. David, *Divorce par consentement mutuel judiciaire*, Dalloz référence Droit et pratique du divorce 2018/2019, n° 142.312.
[15] D. Filosa, *Divorce par acte d'avocats et enjeux liquidatifs*, Defrénois 2016, p. 1307.

son choix avant que les termes de la convention soient définitifs. La protection et le respect des intérêts de l'enfant justifient que ce dernier puisse demander son audition après signature, lorsque le contenu de la convention est définitivement arrêté[16].

Lors d'une volte-face de l'enfant, le notaire informé doit s'abstenir de déposer, alors même qu'il a préalablement constaté la présence du formulaire initialement complété par l'enfant (sous peine, certainement, d'engager sa responsabilité vis-à-vis de l'enfant)[17]. En revanche, si la convention est déposée au rang de ses minutes avant que le notaire ait eu connaissance de la nouvelle volonté de l'enfant, une annulation de la convention de divorce, sur ces motifs, est impossible.

La loi n'impose pas le contrôle d'un juge en présence d'un enfant mineur, c'est à l'enfant qu'il appartient de décider ce contrôle. Cette implication de l'enfant dans le divorce de ses parents est, nous l'avons démontré, critiquable. Lorsque le divorce par consentement mutuel ne prend pas la forme judiciaire (parce que l'enfant ne le demande pas ou parce qu'il n'est pas doté d'un discernement suffisant pour le faire), sa nature purement conventionnelle n'est pas sans impact sur les conséquences du divorce pour l'enfant.

II.Les conséquences d'un divorce sans juge pour l'enfant

Les modalités d'exercice de l'autorité parentale et de contribution à l'éducation de l'enfant sont déterminées par les époux dans leur convention de divorce. La nature purement conventionnelle du divorce par consentement mutuel a un impact sur les conditions de modification de ces mesures (A) comme sur leurs conditions de circulation en dehors de nos frontières (B).

---

[16] Cette interprétation semble être celle du Garde des Sceaux qui affirme l'irrévocabilité de la convention mais relève que cette irrévocabilité s'impose *« sauf consentement mutuel des parties pour y renoncer ou pour les causes que la loi autorise (art. 1193 C. civ.), en l'espèce la demande d'audition de l'enfant (art. 229-2 C. civ.)* ». Il s'agit donc nécessairement d'une demande d'audition de l'enfant après signature de la convention (Fiche 6, L'intervention du notaire en matière de divorce par consentement mutuel).

[17] Selon un auteur, « *la formulation intempestive d'une demande d'audition judiciaire d'un enfant d'un époux* » frapperait la convention de divorce de caducité (D. Filosa, *L'articulation du contrat collaboratif et agrégatif de divorce par consentement mutuel*, AJ famille 2018, p. 85 et s., spé n° 39).

A. CONSÉQUENCES SUR LES CONDITIONS DE MODIFICATION DES MESURES RELATIVES AUX ENFANTS

Ce que les époux ont décidé dans leur convention de divorce par acte sous signature privée n'est pas figé. Les mesures relatives aux enfants peuvent être modifiées par une nouvelle convention ou, à la demande d'un parent, par une décision du juge.

Ensemble, les ex-époux peuvent modifier les dispositions de leur convention de divorce relatives à l'exercice de l'autorité parentale et à la contribution à l'entretien de leurs enfants. Pour avoir force exécutoire, les nouvelles mesures doivent être consignées dans une nouvelle convention soumise à l'homologation du juge. Aux termes de l'article 373-2-7 du Code civil, « *le juge homologue la convention sauf s'il constate qu'elle ne préserve pas suffisamment l'intérêt de l'enfant ou que le consentement des parents n'a pas été donné librement* ».

À l'initiative d'un seul parent, ces dispositions de la convention de divorce peuvent être modifiées en justice. Alors même que l'article 373-2-13 du Code civil ne l'exige pas expressément, la recevabilité d'une demande de modification des dispositions d'une convention de divorce homologuée ou d'une décision relative à l'exercice de l'autorité parentale est traditionnellement subordonnée à la survenance d'un élément nouveau[18]. En cas de divorce judiciaire, admettre une modification des dispositions relatives à l'exercice de l'autorité parentale, alors même qu'aucun élément nouveau n'est survenu, conduirait « *à remettre en cause l'appréciation souveraine des juges du fond* »[19]. Parce que le contenu d'une convention de divorce par acte sous signature privée n'a été contrôlé par aucun juge, sa modification ne peut remettre en cause l'appréciation souveraine d'aucun juge. Les mesures relatives aux enfants fixées par une convention de divorce par acte sous signature privée doivent donc pouvoir être modifiées par un juge, à la demande d'un parent, sans que soit exigée la survenance d'un élément nouveau.

---

[18] Cass. Civ. 1ère, 26 juin 2013, n° 12-14392, Bull. civ. I, n° 134, D. de la Famille 2013, 152, note Paricard ; Cass. Civ. 1ère, 13 mai 2015, n° 14-14691 ; Cass. Civ. 1ère 28 janv. 2015, n° 13-27576 ; Cass. Civ. 1ère 26 sept. 2012, n° 11-23222.

[19] Sur ces motifs, la Cour de cassation approuve une Cour d'appel d'avoir rejeté la demande de la mère de modifier l'ordonnance ayant fixé la résidence de l'enfant chez le père (*Cass. Civ. 1ère 26 sept. 2012, préc*).

B. CONSÉQUENCES EN CAS DE CIRCULATION DE LA CONVENTION DE DIVORCE À L'ÉTRANGER

Très tôt a été relevée l'incompatibilité du divorce par consentement mutuel sans juge avec les conventions européennes et internationales[20]. La loi ne posant ni des conditions de résidence ni des conditions de nationalité, des époux de nationalité étrangère résidant à l'étranger pourraient solliciter deux avocats et un notaire pour divorcer par acte sous signature privée en France. Se pose alors évidemment la question de la reconnaissance de leur divorce en dehors de nos frontières. Mais, dans cette hypothèse, le risque que le divorce par consentement mutuel ne soit pas reconnu à l'étranger est flagrant et les époux en auront été certainement avertis par leurs avocats.

Autrement plus préoccupant est le divorce par consentement mutuel sous signature privée d'un couple dont le divorce judiciaire aurait été de la compétence d'un juge français. Les dispositions de la convention de divorce relatives à la pension alimentaire en faveur de l'enfant, les modalités d'exercice de l'autorité parentale et du droit de visite fixées par la convention sous signature privée peuvent-elles être invoquées dans un autre pays de l'Union européenne ?

Le Règlement européen Bruxelles II bis et le Règlement aliments ont pour objectif de faciliter la reconnaissance, la circulation et l'exécution des décisions de justice intéressant les couples et les enfants. Ces règlements ont pour objet d'organiser une coopération judiciaire entre les États membres de l'UE. Ils visent ainsi à assurer la reconnaissance et l'exécution des décisions de justice au sein des États membres. Le divorce par consentement mutuel sous signature privée n'est prononcé par aucun juge. Mais cette absence du juge n'est pas, à elle seule, rédhibitoire. Ces règlements ne retiennent pas une définition stricte des notions de « juridiction », de « décision de justice » ou encore de « juge ». Pourtant, l'application de ces règlements n'en demeure pas moins problématique.

Le Règlement aliments[21] facilitant la circulation des décisions et le recouvrement transfrontière des aliments est inapplicable à une pension alimentaire mise à la charge d'un époux par une convention de divorce sous

[20] A. Devers, *art. préc.* ; A. Boiché, *art. préc.* ; Divorce par consentement mutuel : plainte contre la France ! AJ Famille 2017 p. 266 ; C. Nourissat, Le divorce conventionnel à l'épreuve de l'ordre juridique de l'Union, JCP N 2017, act. 548.
[21] Règlement (CE) n° 4/2009 du Conseil du 18 décembre 2008 relatif à la compétence, la loi applicable, la reconnaissance et l'exécution des décisions et la coopération en matière d'obligations alimentaires.

signature privée[22]. L'impossibilité pour l'enfant créancier d'aliments d'invoquer les règles favorables du règlement aliment ne fait aucun doute. Ce règlement facilite la circulation des décisions de justice, des transactions judiciaires et des actes authentiques. Une pension alimentaire fixée par convention sous signature privée est hors champ de ce règlement[23]. Même reçue par le notaire, la convention fixant la pension alimentaire demeure un acte sous signature privée.

Le Règlement Bruxelles II bis est relatif à la compétence, la reconnaissance et l'exécution des décisions en matière matrimoniale et en matière de responsabilité parentale. Son article 39 permet d'imposer, dans un pays membre, les conditions d'exercice de l'autorité parentale telle qu'elles ont été arrêtées dans un autre pays membre. Pour ce faire, le parent doit saisir un juge du pays membre dans lequel il souhaite se prévaloir d'une décision fixant les conditions d'exercice de l'autorité parentale. Il doit présenter à ce juge ladite décision de justice accompagnée d'un certificat délivré par la juridiction ou l'autorité compétente à l'origine de la décision. En France, ce certificat est délivré dans des conditions précisées à l'article 509-1 du Code de procédure civile. L'article 509-3 du même code a été modifié pour qu'en cas de divorce par consentement mutuel, le notaire qui a reçu la convention puisse délivrer ce certificat. À ces conditions, la circulation de la convention de divorce sous signature privée semble donc être possible[24]. Rien n'est toutefois certain[25]. Le juge du pays d'exécution dispose de motifs pour refuser la reconnaissance d'une convention de divorce sous signature privée. L'absence d'audition de l'enfant dans notre processus de divorce sans juge pourrait être constitutive d'une atteinte « *à l'ordre public de l'État membre requis eu égard aux intérêts supérieurs de l'enfant* » (Règlement, art. 23)

Le Règlement Bruxelles II bis facilite aussi la reconnaissance d'un droit de visite. La seule présentation de la décision certifiée dans l'État membre d'origine permet d'obtenir son exécution dans un autre État membre. Mais,

---

[22] N. Joubert, *La mise en œuvre de l'obligation alimentaire en présence d'un élément d'extranéité dans les relations entre parents et enfants*, D. de la famille 2018, dossier 3.

[23] P. Hammje, *Le divorce par consentement mutuel extrajudiciaire et le droit international privé : Les aléas d'un divorce sans for*, Revue critique de droit international privé 2017 p. 143, spé. n° 16.

[24] Dans ce sens, v. A. de Guillenchmidt-Guignot, *Divorce par consentement mutuel en droit international privé : brèves observations pour une modification du Code civil*, D. de la famille 2018, dossier 2.

[25] L. Galliez, La reconnaissance du divorce par consentement mutuel en DIP, JCP N 2017 1319, spé. n° 15

et cette fois de façon certaine, ces dispositions sont inapplicables en cas de divorce conventionnel[26]. La circulaire elle-même relève l'incompatibilité de la loi française[27]. L'article 41 du Règlement impose en effet à l'autorité chargée de délivrer ce certificat d'avoir pu entendre « *toutes les parties concernées* ». Il faut en outre que *« l'enfant [ait] eu la possibilité d'être entendu, à moins qu'une audition n'ait été jugée inappropriée eu égard à son âge ou à son degré de maturité* ». Mais le notaire qui dépose la convention au rang de ses minutes ne reçoit pas systématiquement les époux. Il ne reçoit pas l'enfant.

Il est impossible à un parent de se prévaloir de l'article 41 du Règlement Bruxelles II pour invoquer, hors de nos frontières, un droit de visite fondé sur une convention de divorce par acte sous signature privée. Il n'est en revanche pas exclu qu'en application de l'article 39, les modalités d'exercice de l'autorité parentale fixées par cette même convention puissent être invoquées dans un pays membre de l'UE. Cette affirmation doit toutefois être nuancée depuis que la Cour de Justice de l'Union européenne, dans sa décision du 20 décembre 2017[28], a refusé l'application du Règlement Rome III à un divorce privé. Dans cette décision, la CJUE affirme que le Règlement Rome III ne s'applique qu'aux « *divorces prononcés soit par une juridiction étatique soit par une autorité publique ou sous son contrôle* ». Le divorce de l'espèce était un divorce obtenu « *sur déclaration unilatérale d'un des époux devant un tribunal religieux syrien sur le fondement de la charia* ». Évidemment, pour critiquable qu'il soit, notre divorce par consentement mutuel n'est pas un divorce religieux décidé par le seul époux ! Pourtant le raisonnement de la Cour de justice pourrait lui être transposé[29]. Exclu du champ d'application du Règlement Rome III, notre divorce par consentement mutuel le serait également du champ d'application du Règlement Bruxelles II.

Sous l'angle du droit interne comme du droit international, la modernisation de la justice du XXIe siècle et, plus précisément, du divorce par consentement mutuel s'est faite aux dépens de la protection de l'enfant.

---

[26] P. Hammje, *art. préc.* ; A. Boiché, *art. préc.*

[27] Circulaire du 26 janvier 2017, Fiche 10 « La circulation transfrontalière des conventions de divorce ».

[28] CJUE, 20 déc. 2017, aff. C-372/16, S. c/ M. : JurisData n° 2017-027300 ; D. de la famille 2018, comm. 114, A. Devers ; AJ Famille 2018, p. 119, obs. J. Boiché.

[29] A. Devers, *Inapplicabilité du règlement Rome III aux divorces privés*, D. de la famille 2018, comm. 114.

LES DÉPLACEMENTS ILLICITES D'ENFANT

Marie-Cécile LASSERRE

1. Lors de la séparation parentale, le sort de l'enfant est au cœur de toutes les préoccupations. Acteur dans le processus de séparation, l'enfant est le plus souvent victime de la mésentente et peut devenir l'objet, voire l'arme, d'un conflit qui s'accentue en cas de litige familial transfrontalier. C'est pourquoi, au niveau international, des normes, tournées prioritairement vers l'intérêt supérieur de l'enfant, sont venues régir la protection de l'enfant en général et le problème du déplacement illicite des enfants en particulier.

2. En France, chaque jour, plus d'un enfant serait déplacé illicitement par un parent dans un État autre que celui de sa résidence habituelle[30]. Afin de lutter contre ces enlèvements parentaux, de nombreux textes internationaux et européens ont été élaborés, parmi lesquels doivent être cités la Convention de La Haye du 25 octobre 1980[31], la Convention de La Haye du 19 octobre 1996[32] le Règlement Bruxelles II *bis*[33] ou encore la Convention de Luxembourg[34]. Et la France a conclu un certain nombre de conventions bilatérales[35] avec entre autres l'Algérie, le Bénin, le Brésil, le

[30] Sur les chiffres, v. not. Commission des lois, des règlements et des affaires consulaires, 24ème session mars 2016, Rapport sur les déplacements illicites d'enfants, rapporteur : M. Goupil, 12 mars 2016, dispo. sur : www.assemblee-afe.fr ; Rapport global, Analyse statistique des demandes déposées en 2015 en application de la Convention de La Haye du 25 octobre 1980 sur les aspects civils de l'enlèvement international d'enfants, Doc. prél. n° 11 A et B, sept. 2017, dispo. sur : www.hcch.net

[31] Convention de La Haye du 25 octobre 1980 sur les aspects civils de l'enlèvement international d'enfant, dispo. sur : www.hcch.net

[32] Convention de La Haye du 19 octobre 1996 concernant la compétence, la loi applicable, la reconnaissance, l'exécution et la coopération en matière de responsabilité parentale et de mesures de protection des enfants, dispo. sur : www.hcch.net

[33] Règlement (CE) n° 2201/2003 du Conseil du 27 novembre 2003 relatif à la compétence, la reconnaissance et l'exécution des décisions en matière matrimoniale et en matière de responsabilité parentale abrogeant le règlement n° 1347/2000 (règlement Bruxelles II *bis*), JOCE L.338/1, 23 déc. 2003.

[34] Convention européenne du 20 mai 1980 relative à la reconnaissance et l'exécution des décisions en matière de garde des enfants et au rétablissement de la garde des enfants, JORF 6 août 1983, p. 2567.

[35] Commission des lois, des règlements et des affaires consulaires, 24ème session Mars 2016, Rapport sur les déplacements illicites d'enfants, préc., p. 19.

Congo (Brazzaville), Djibouti, l'Égypte, le Maroc, le Niger, le Portugal, le Sénégal, le Tchad, le Togo, la Tunisie ou encore le Liban avec l'accord franco-libanais du 12 juillet 1999 concernant la coopération en certaines matières familiales.
L'ensemble de ces instruments a pour objectif d'assurer le retour immédiat de l'enfant dans l'État d'où il a été déplacé en instaurant une coopération entre les États par le prisme d'autorités centrales[36]. Les autorités centrales, désignées par chaque État, veillent à mettre en œuvre tous les moyens possibles pour assurer le respect des engagements pris par leurs États. Leur objectif principal est d'assurer le retour de l'enfant au lieu de sa résidence habituelle. À cette fin, les autorités centrales peuvent prendre différentes mesures dont celles de localiser l'enfant, favoriser une résolution amiable du conflit ou, le cas échéant, introduire une procédure devant les autorités judiciaires et administratives compétentes, et assurer le retour effectif de l'enfant. Ainsi, les différents textes internationaux existants mettent en place une coopération entre les États tournée vers la protection des enfants, en instaurant des procédures pour faciliter le retour immédiat et sans danger de l'enfant déplacé illicitement.

3. Il ressort des différents textes internationaux que, confronté à un déplacement illicite, tout parent victime a, par principe, le droit à un retour immédiat de son enfant dans l'État de sa résidence habituelle avant son déplacement. Cependant, le bénéfice de ce droit suppose que l'État refuge soit partie à une des conventions internationales instituant une procédure simplifiée de retour de l'enfant. À défaut de convention internationale, la coopération entre les États par le biais des autorités centrales est inexistante, le parent victime pouvant seulement se faire assister dans le cadre d'une protection consulaire[37]. Et afin d'espérer obtenir le retour de son enfant, le parent victime doit obtenir dans l'État où l'enfant a été déplacé la reconnaissance et l'exécution de son droit de garde ou de visite en suivant les procédures judiciaires de droit commun. Une première lacune apparaît. En l'absence de convention internationale, les litiges relatifs aux déplacements illicites d'enfant ne sont régis par aucune disposition spécifique. Dans cette hypothèse, les litiges sont souvent traités comme de simple litige relatif à la responsabilité parentale résolu par les règles classiques de droit international privé et de la protection diplomatique.

---

[36] L'Autorité centrale française est le Bureau du Droit de l'Union, du droit international privé et de l'entraide civile (BDIP) du Ministère de la Justice.
[37] Concernant la France, il s'agit du Bureau de la Protection des Mineurs et de la Famille (PMF) du Ministère des Affaires Étrangères et du Développement International.

4. C'est pourquoi l'étude juridique des déplacements illicites d'enfant est essentiellement celle des conventions internationales. Car la mise en œuvre d'une procédure spécifique dédiée au retour de l'enfant enlevé suppose que l'État d'origine et l'État de refuge soient tous deux parties à une même convention. En conséquence, lors d'un enlèvement d'enfant, primitivement l'applicabilité des conventions doit être vérifiée. Dans le pluralisme de textes concernant les déplacements illicites d'enfants, la Convention de La Haye du 25 octobre 1980 est l'instrument cardial de la lutte contre les déplacements illicites. Il s'agit d'un instrument cardinal par le nombre de parties contractantes à la Convention qui s'élève à 98. Aussi, il s'agit d'un instrument cardinal car les mesures des autres instruments sont inspirées de la Convention de La Haye de 1980, voire s'articule avec celle-ci[38]. Et preuve de son importance, le Règlement Bruxelles II *bis* n'exclut pas la Convention de La Haye. Au contraire, le règlement s'en inspire et la complète afin de délivrer un système renforcé de lutte contre les déplacements illicites d'enfant dans l'Union européenne[39]. Ainsi, sans dénier l'importance de l'ensemble des conventions en la matière, l'étude juridique des déplacements illicites d'enfant est présentement exposée par le prisme du règlement Bruxelles II *bis* et de la Convention de La Haye du 25 octobre 1980 qui a été renforcée par la Convention de La Haye du 19 octobre 1996.

5. La Convention de La Haye de 1980 et de 1996 ainsi que le règlement Bruxelles II *bis* retiennent une définition similaire du déplacement illicite[40] qui est assimilée, dans sa caractérisation, à celle de non-retour d'un enfant dans sa résidence habituelle. Afin que le déplacement soit qualifié d'illicite, deux conditions cumulatives doivent être réunies. D'une part, le déplacement doit être fait en violation d'un droit de garde résultant d'une décision judiciaire, de la loi ou d'un accord en vigueur dans le droit de l'État dans lequel l'enfant avait sa résidence habituelle immédiatement avant son déplacement. D'autre part, ce droit de garde doit être exercé, seul ou conjointement, de manière effective au moment du déplacement ou l'eut été

[38] Sur cette problématique, v. not. I. Barrière Brousse et M. Douchy-Oudot, *Les contentieux familiaux : droit interne, international et européen*, LGDJ, 2e éd. 2016, n° 988, p. 400.

[39] V. Égea, « Une source d'inspiration pour l'espace judiciaire civil européen : le Règlement Bruxelles II *bis* », *in La justice civile européenne en marche*, M. Douchy-Oudot et E. Guinchard (dir.), Dalloz, Thèmes et commentaires, 2012, p. 35.

[40] Art. 2.11 règl. Bruxelles II *bis ;* art. 3 Conv. La Haye 1980 ; art.7.2 Conv. La Haye 1996.

si l'enlèvement n'était pas survenu. Ainsi, un « *élément légal (doit) se conjuguer avec un élément de fait* »[41].

Bien que les textes paraissent clairs, la caractérisation du déplacement illicite de l'enfant suscite un contentieux important qui se cristallise autour de deux notions, celle de la résidence habituelle et celle du droit de garde.

La résidence habituelle est une notion qui « *traduit une certaine intégration* »[42]. Il s'agit d'une notion de fait qui doit être établie de manière casuistique[43] sur un ensemble de circonstances. Ainsi, sont retenus les critères de l'âge de l'enfant[44], la présence physique ou encore la régularité et les raisons d'un séjour dans un État membre[45]. Cette notion de résidence habituelle est majeure, car afin de déterminer l'existence d'un déplacement illicite, il convient de se reporter aux règles antérieures au déplacement. En effet, le droit de garde violé doit exister en vertu du droit de l'État dans lequel l'enfant avait sa résidence habituelle immédiatement avant son déplacement ; c'est-à-dire en vertu de la loi applicable conformément à la convention de La Haye de 1996 qui, en matière de responsabilité parentale, désigne, par principe, comme loi applicable la loi de l'État de la résidence habituelle de l'enfant.

Concernant le droit de garde, celui-ci doit s'entendre du « *droit portant sur les soins de la personne de l'enfant, et en particulier celui de décider de son lieu de résidence* »[46]. Afin d'éviter « *un contournement insidieux* »[47]

---

[41] H. Fulchiron, « La lutte contre les enlèvements d'enfants », *in Le nouveau droit communautaire du divorce et de la responsabilité parentale*, H. Fulchiron et C. Nourissat (dir.), Dalloz, Thèmes et commentaires, 2005, p. 223, spéc. p. 224.

[42] CJCE, 2 avr. 2009, *A.*, aff. C-523/07, *Rec.* p.I-2805, pt. 44 ; *Rev. crit. DIP* 2009, p. 791, note E. Gallant ; *AJ fam.* 2009, p. 294, étude A. Boiché ; *Europe* juin 2009, comm. 265, L. Idot ; *RTD eur.* 2010, p. 421, obs. M. Douchy-Oudot et E. Guinchard ; *Procédures* août 2009, comm. 277, C. Nourissat.

[43] CJUE, 22 déc. 2010, *Barbara Mercredi c/ Richard Chaffe*, aff. C-497/10 PPU, *Rec.* p. I- 14309 ; *RTD eur.* 2011, p. 482, obs. M. Douchy-Oudot et E. Guinchard ; *Procédures* févr. 2011, comm. 60, C. Nourissat ; *Europe* mars 2011, comm. 117, L. Idot ; *Dr. fam.* avr. 2011, comm. 66, E. Viganotti.

[44] À propos d'une femme enceinte qui s'est déplacée dans un État autre que sa résidence habituelle et y a accouché, la Cour de justice de l'Union européenne a considéré que l'intention initiale des parents quant au retour de la mère accompagnée de l'enfant ne permet pas d'établir que cet enfant y a sa résidence habituelle, CJUE, 8 juin 2017, OL c/ PQ, aff. C-111/17 ; *Dr. fam.* 2017, comm. 219, A. Devers *; Procédures* 2017, comm. 192, C. Nourissat ; *Europe 2017,* comm. 336, L. Idot.

[45] CJUE, 9 oct. 2014, *C. c/ M.*, aff. C-376/14 PPU.

[46] A. Devers, « Actualités 2017 en matière d'enlèvement international d'enfants », *Dr. fam.* n° 1 janv. 2018, p. 3, n° 19.

[47] Art. 2-11, b règl. Bruxelles II *bis ;* E. Gallant, Règlement Bruxelles II *bis :* compétence, reconnaissance et exécution en matières matrimoniale et de

du système, la garde est conjointe lorsque l'un des titulaires de la responsabilité parentale ne peut pas décider du lieu de résidence de l'enfant sans le consentement de l'autre. Il en résulte que l'exercice conjoint du droit de garde ne se restreint pas au seul exercice en commun de l'autorité parentale par les père et mère car la prérogative de décider du lieu de résidence de l'enfant peut être octroyé par le juge aux parents, tiers ou institution. Ainsi, « *les sources de ce droit de garde sont larges* »[48]. Mais afin que l'illicéité du déplacement soit caractérisée, l'atteinte au droit de garde doit être réelle, c'est-à-dire que le droit de garde devait exister avant le déplacement. Ainsi, en visant le droit de garde exercé de manière effective au moment du déplacement ou qui l'eut été si l'enlèvement n'était pas survenu, l'objectif est d'éviter de se prévaloir d'un droit de visite *a posteriori* d'un déplacement pour, par la suite, se prévaloir de son ineffectivité et ainsi arguer d'un enlèvement illicite.

6. Si la situation d'un déplacement illicite est de prime abord aisée à cerner, sa qualification juridique n'est pas sans poser de difficulté. Mais, dès lors qu'un déplacement illicite est caractérisé et qu'une demande de retour est déposée, une coopération entre les États se déploie. Cette coopération est prévue tant par la Convention de La Haye que le règlement Bruxelles II *bis* qui instaurent des procédures pour, d'une part, faciliter le retour de l'enfant déplacé illicitement et, d'autre part, protéger le droit de garde et le droit de visite de la personne titulaire de la responsabilité parentale. Ce système de lutte contre les déplacements illicites d'enfant repose, légitimement, tant sur les autorités de l'État refuge c'est-à-dire les autorités de l'État dans lequel l'enfant a été déplacé, que sur les autorités de l'État d'origine c'est-à-dire les autorités de l'État d'où l'enfant a été déplacé soit l'État de sa résidence habituelle avant le déplacement. Chacune des autorités doit collaborer afin d'assurer le retour immédiat et sans danger de l'enfant. La coopération entre les autorités est la garantie d'un retour effectif

---

responsabilité parentale, *Rép. Dalloz dr. Intern.* janv. 2013, n° 67. V. par ex. Civ. 1e, 13 juill. 2017, n° 17-11.927, « *M. Y... s'était vu accorder un droit de garde sur l'enfant par la décision de la cour d'appel de Kiev du 21 septembre 2011, Mme Z... ne pouvant décider, unilatéralement et sans l'accord du père, de modifier la résidence de l'enfant, d'autre part, qu'une décision ukrainienne du 23 avril 2013, confirmée par la cour d'appel de Kiev le 18 juin 2013, accordait à chacun des parents le droit de circuler seul avec l'enfant sans l'autorisation de l'autre, mais non de s'installer définitivement dans un pays tiers sans l'accord de l'autre parent, la cour d'appel, qui ne s'est pas référée au jugement du 27 avril 2016, a caractérisé un droit de garde au sens de la Convention de La Haye* » ; Civ. 1e, 14 juin 2017, n° 17-10.980.

[48] H. Fulchiron, « La lutte contre les enlèvements d'enfants », *op. cit.*, p. 223, spéc. p. 224.

de l'enfant. Mais afin que le système soit efficient, une compétence spécifique est octroyée à chacune de ces autorités. Les autorités de l'État refuge ont une compétence prépondérante concernant les décisions de retour de l'enfant déplacé illicitement (I). Les autorités de l'État d'origine bénéficient quant à elle d'une compétence leur conférant un rôle de rempart contre les déplacements illicites d'enfants (II).

I. Les autorités de l'État refuge, une prépondérance pour le retour de l'enfant déplacé illicitement

7. Sans dénier la coopération transfrontalière établie par les textes internationaux, le rôle des autorités de l'État refuge est majeur car elles ont une compétence quasi exclusive concernant les décisions relatives au retour de l'enfant (A). L'objectif qui leur est assigné est clair : afin de revenir, autant que faire se peut, au *statu quo ante* déplacement illicite, les autorités de l'État refuge doivent en principe ordonner le retour immédiat de l'enfant suivant une procédure rapide garante des droits des intéressés (B).

A. LA COMPÉTENCE DE PRINCIPE DES AUTORITÉS DE L'ÉTAT REFUGE CONCERNANT LES DÉCISIONS RELATIVES AU RETOUR DE L'ENFANT

8. « *Contrairement à une idée reçue* »[49], la compétence juridictionnelle relative au contentieux de retour de l'enfant est prévue par la Convention de La Haye[50] et est reprise dans son principe par le règlement Bruxelles II *bis*[51]. Le contentieux de retour de l'enfant est confié aux autorités de l'État dans lequel l'enfant a été déplacé. Ainsi, la décision relative au retour de l'enfant est rendue par l'autorité de l'État refuge. Mais, cette compétence est strictement limitée, car la décision de retour de l'enfant ne doit pas porter sur le fond du droit de garde ou sur les modalités d'exercice de l'autorité parentale.

9. Afin de se prévaloir du mécanisme de retour immédiat de l'enfant déplacé illicitement, le parent victime de l'enlèvement a deux possibilités : saisir préalablement une autorité centrale ou, saisir directement l'autorité judiciaire ou administrative compétente. D'une part, le parent victime peut saisir préalablement une autorité centrale. En cas de saisine préalable,

---

[49] E. Gallant, Règlement Bruxelles II *bis :* compétence, reconnaissance et exécution en matières matrimoniale et de responsabilité parentale, *préc.*, n° 191.
[50] Art. 8 et s. Conv. La Haye 1980.
[51] Art. 11 règl. Brux. II *bis.*

l'autorité centrale de l'État de la résidence habituelle de l'enfant avant son déplacement ou celle de l'État sur lequel l'enfant se trouve illicitement retenu peuvent être saisies[52]. Lorsque l'autorité centrale de la résidence habituelle de l'enfant avant son déplacement est saisie, elle est l'autorité requérante, car elle doit prendre contact avec son homologue dans l'État refuge afin d'assurer le retour de l'enfant[53]. Lorsque l'autorité centrale de l'État refuge est saisie, en tant qu'autorité centrale requise, elle doit saisir l'autorité judiciaire compétente. D'autre part, le parent victime a également la faculté de s'adresser directement aux autorités de l'État de refuge afin de demander le retour de l'enfant. En effet, conformément à l'article 29 de la Convention de La Haye de 1980, « *la personne, l'institution ou l'organisme qui prétend qu'il y a eu (déplacement illicite de son enfant) de s'adresser directement aux autorités judiciaires ou administratives des États contractants, par application ou non des dispositions de la Convention* ».

10. Sans préjudice de l'intervention des autorités centrales, la compétence pour statuer sur les demandes de retour est donc attribuée aux autorités judiciaires de l'État de refuge. En France, ce contentieux relève d'une juridiction spécialisée[54]. Les actions sont portées devant le juge aux affaires familiales de l'unique tribunal de grande instance territorialement compétent par cour d'appel[55]. Et le Procureur de la République a un rôle qui a été précisé par le décret du 6 mai 2017 portant diverses mesures de modernisation et de simplification de la procédure civile[56]. Conformément à l'article 1210-4 du Code de procédure civile, l'autorité centrale saisie d'une demande de retour doit la transmettre au procureur de la République près le tribunal de grande instance matériellement et territorialement compétent. Si la demande concerne un enfant déplacé ou retenu en France, le procureur de la République ordonne tous les actes utiles pour localiser l'enfant ou confirmer sa localisation, ordonner toute mesure d'investigation, examen ou expertise qui lui semble nécessaire ou encore introduire une procédure

[52] Art. 8 Conv. La Haye 1980.
[53] Art. 9 Conv. La Haye 1980.
[54] Décr. 9 mars 2004 n° 2004-211 fixant le siège et le ressort des tribunaux de grande instance et de première instance compétents pour connaître des actions engagées sur le fondement des dispositions des instruments internationaux et de l'Union européenne relatives au déplacement illicite international d'enfants et modifiant le code de l'organisation judiciaire [partie réglementaire], *JO* 12 mars 2004 et décr. 29 octobre 2004 n° 2004-1158 portant réforme de la procédure en matière familiale, *JO* 31 oct. 2004, modifiés par un décret du 27 janvier 2012.
[55] Combinaison des art. 1210-5 al. 1 CPC, art. L. 211-12 COJ et art. D. 211-9 COJ ; v. tableau VII annexé au COJ.
[56] A. Devers, « Actualités 2017 en matière d'enlèvement international d'enfants », préc.

judiciaire afin d'obtenir le retour de l'enfant[57]. Lorsque la demande concerne un enfant déplacé ou retenu à l'étranger, le procureur de la République peut ordonner toute mesure d'investigation afin de recueillir les informations sur l'enfant et son environnement matériel, familial et social qui ont été sollicitées par l'autorité centrale étrangère[58]. Et en cas de saisine directe du juge aux affaires familiales d'une demande de retour d'un enfant déplacé ou retenu en France de manière illicite, le Parquet doit être cité[59].

11. En définitive, les autorités centrales jouent un rôle de coordination ayant pour objet d'instaurer une coopération entre les États et pour finalité d'assurer le retour immédiat de l'enfant. Mais, la décision de retour de l'enfant relève de la compétence des autorités de l'État refuge. Si le déplacement ou la rétention illicite est constitué, le retour de l'enfant doit être ordonné immédiatement. Le retour de l'enfant est le principe car l'enlèvement parental ou le déplacement illicite est un abus flagrant contre la personnalité de l'enfant. Dès lors partant du postulat qu'un déplacement illicite porte atteinte aux intérêts de l'enfant, les textes prévoient une procédure simple et rapide afin de mettre un terme à cette voie de fait.

B. LA MISE EN ŒUVRE PAR LES AUTORITÉS DE L'ÉTAT REFUGE DE LA PROCÉDURE DE RETOUR DE L'ENFANT

12. La procédure de retour de l'enfant est souvent qualifiée de sorte de référé international, car le retour immédiat de l'enfant doit, en principe, être ordonné dans les plus brefs délais et sans examen au fond du litige relatif au droit de garde. Ainsi, l'objectif des instruments internationaux est d'assurer une procédure rapide de retour de l'enfant (1) tout en respectant les garanties fondamentales des intéressés (2).

1) La rapidité de la procédure de retour de l'enfant

13. Le temps est un facteur important dans le contentieux relatif au déplacement d'enfant. Car l'écoulement du temps emporte avec lui l'installation durable d'une situation illicite et donc l'intégration de l'enfant dans un nouvel environnement. Dès lors, un retour tardif de l'enfant risque de l'exposer à un nouveau traumatisme. C'est pourquoi, par principe, le retour de l'enfant doit être le plus rapide possible. À cette fin, la procédure

---

[57] Art. 1210-4, I. CPC

[58] Art. 1210-4, I. CPC

[59] V. Chauveau et N. Sauvage, « Déposer une demande de retour d'un enfant déplacé ou retenu en France de manière illicite », *Dr. fam.* janvier 2018, p. 1.

de retour est encadrée temporellement de l'introduction de la demande de retour à l'exécution de la décision ordonnant le retour de l'enfant.

14. Par principe, l'autorité compétente ordonne le retour de l'enfant, dès lors que son déplacement illicite est établi. Toutefois, cette obligation est atténuée lorsqu'un délai d'un an s'est écoulé entre le déplacement illicite de l'enfant et le moment de l'introduction de la demande de retour[60]. À l'expiration de la période d'un an, l'autorité saisie peut ordonner le retour de l'enfant ou refuser ce retour s'il est établi que l'enfant s'est intégré dans son nouveau milieu[61]. En définitive, l'autorité judiciaire ordonnant le retour doit être saisie le plus tôt possible et, au plus tard, dans l'année qui suit le déplacement ou la rétention, à défaut le demandeur s'expose à une décision de non-retour.

15. Outre cet encadrement temporel relatif à la saisine des autorités, une intervention judiciaire rapide est prévue par les textes puisque les autorités de l'État refuge doivent statuer en utilisant les procédures les plus rapides et au plus tard dans le délai de six semaines après leur saisine. Il ne s'agit pas de créer une nouvelle procédure propre aux déplacements illicites d'enfant, mais d'utiliser au mieux les procédures nationales existantes. À titre d'exemple, en France, « *la demande aux fins d'obtenir le retour de l'enfant, en application de la convention du 25 octobre 1980 sur les aspects civils de l'enlèvement international d'enfants, est formée, instruite et jugée en la forme des référés* »[62].

16. En l'absence d'exécution volontaire, la décision de retour doit être exécutée rapidement afin de préserver l'essence du système. Bien que les mesures de coercition à l'encontre de l'enfant puissent être en contradiction avec l'intérêt supérieur de l'enfant, l'exécution forcée des décisions relative au retour de l'enfant déplacé n'est pas exclue. Au contraire, la Cour européenne considère que les États, qui se heurtent à un refus de restitution de l'enfant suite à une décision de retour, sont tenus « *d'apporter leur concours au retour de (l'enfant dans son État d'origine), eu égard à l'objet et au but de la Convention de La Haye, sauf si des éléments objectifs leur fait supposer que l'enfant et, le cas échéant (le parent auteur de l'enlèvement), pourraient être victimes d'un "déni de justice flagrant" dans ce dernier pays* »[63]. Ainsi, « *le recours à la contrainte est parfois l'ultime*

[60] Art. 12 Conv. La Haye
[61] v. par ex. Civ. 1e, 13 juill. 2017, n° 17-11.927.
[62] Art. 1210-6 CPC.
[63] CEDH, 6 déc. 2007, n° 39388/05, Maumousseau et Washington c/ France, *Dr. fam.* 2008, étude 14, p. 17, A. Gouttenoire ; *Procédures* 2008, comm. 78, N. Fricero.

solution à une voie de fait dont le juge a constaté et déclaré le caractère illicite »[64].

17. Lorsqu'une autorité compétente de l'État refuge reçoit une demande de retour d'un enfant, elle doit agir promptement. Si le caractère illicite de son déplacement est caractérisé, l'autorité doit ordonner le retour de l'enfant en veillant au respect des droits fondamentaux des intéressés.

2) Les garanties encadrant la procédure de retour de l'enfant

18. Si, par principe, le retour de l'enfant doit être ordonné, des exceptions peuvent y faire échecs. Ces exceptions sont précisées aux articles 12 et 13 de la Convention de La Haye. Outre l'intégration de l'enfant dans son nouvel environnement lorsque la demande est présentée plus d'un an après le déplacement, la parole de l'enfant et le risque grave sont des exceptions aux retours[65]. L'ensemble de ces exceptions est repris par le règlement Bruxelles II *bis* qui interdit également aux autorités de refuser le retour de l'enfant si le demandeur n'a pas eu la possibilité d'être entendu. Ces exceptions présentées comme des motifs de non-retour de l'enfant révèlent les garanties indispensables au bon fonctionnement du système.

19. Tout d'abord, l'automaticité du retour de l'enfant est nuancée par l'article 13 point b) de la Convention de La Haye qui prévoit que le retour peut ne pas être ordonné s'il *« existe un risque grave que le retour de l'enfant ne l'expose à un danger physique ou psychique, ou de toute autre manière ne le place dans une situation intolérable »*. Ce risque doit être établi par l'auteur du déplacement. Élaborée initialement comme une exception, cette disposition est désormais utilisée de façon « *quasi systématique* » par l'auteur du déplacement illicite[66]. Ainsi, afin de ne pas nuire à la philosophie du système de retour de l'enfant, l'article 13 de la

---

[64] E. Gallant, Enlèvement international d'enfants : la convention de la Haye du 25 octobre 1980 – Droit général de l'enlèvement international d'enfants, *JurisClasseur Droit international*, Fasc. 549-30, 2015, n° 68.

[65] Également, l'autorité de l'État requis n'est pas tenue d'ordonner le retour de l'enfant, lorsque la personne qui s'oppose à son retour établit « *que la personne, l'institution ou l'organisme qui avait le soin de la personne de l'enfant n'exerçait pas effectivement le droit de garde à l'époque du déplacement ou du non-retour, ou avait consenti ou a acquiescé postérieurement à ce déplacement ou à ce non-retour* » (art. 13 a). Cette exception n'est pas développée ici car elle renvoie à la qualification même du déplacement illicite qui est la condition primitive afin de déclencher une procédure de retour.

[66] E. Gallant, *Responsabilité parentale et protection des enfants en droit international privé*, Defrénois thèse 2004, p. 306 et s., spéc. n° 494.

Convention de La Haye doit recevoir une conception stricte[67]. Le danger doit s'appréhender par rapport aux perspectives dans l'État de résidence de l'enfant avant le déplacement et non à son intégration dans le nouvel État. Dès lors, si le parent dont l'enfant a été déplacé n'est pas une menace, rien n'empêche le retour ; même si au moment de la saisine les conditions de vie de l'enfant sont positives. Ainsi, les dérives de l'application de l'article 13 ont été atténuées par un retour à son interprétation stricte. En outre, l'entrée en vigueur, du règlement Bruxelles II *bis* l'a limité au strict minimum. En effet, le Règlement a élargi l'obligation d'ordonner le retour de l'enfant, en vertu du principe de la confiance légitime qui préside dans les relations entre États membres. L'article 11 § 4 énonce à cette fin qu'« *une juridiction ne peut pas refuser le retour de l'enfant en vertu de l'article 13, point b), de la Convention de La Haye* ». Dans le cas où un retour pourrait exposer un enfant à un danger visé par l'article 13, le retour doit tout de même être ordonné ; mais dans la mesure où il est établi que les autorités de l'État membre d'origine ont pris des dispositions adéquates pour assurer la protection de l'enfant après son retour.

20. Outre le risque lié au retour de l'enfant, toujours conformément à l'article 13 de la Convention de La Haye, le retour de l'enfant peut également être refusé « *si l'enfant s'oppose à son retour et qu'il a atteint un âge et une maturité où il se révèle approprié de tenir compte de cette opinion* ». Le règlement renforce le droit de l'enfant d'être entendu au cours de la procédure. Ainsi, la juridiction doit donner l'occasion à l'enfant d'être entendu à moins que le juge ne l'estime inapproprié eu égard à l'âge et au degré de maturité de l'enfant. En outre, la juridiction ne peut refuser d'ordonner le retour de l'enfant sans donner d'abord la possibilité d'être entendue à la personne ayant demandé le retour. L'enfant a le droit d'être entendu et doit avoir en tout état de cause l'opportunité de l'être[68].

21. Enfin dans le cadre du règlement Bruxelles II *bis,* selon l'article 11 § 5, « *une juridiction ne peut pas refuser le retour de l'enfant si la personne qui a demandé le retour de l'enfant n'a pas eu la possibilité d'être*

---

[67] Après une lecture extensive, la Cour de cassation en 2005, par deux arrêts, est revenue et a retenu une conception restrictive, Civ. 1e 25 janv. 2005, *Bull. I* 2005 n° 36, p. 28, *Dr. et patr.* avr. 2005, n° 136, note F. Moneger et 14 juin 2005, Bulletin 2005 I, n° 245, p. 207.

[68] Dans l'espace judiciaire européen, afin de renforcer ce droit, il est possible d'y associer le règlement sur l'obtention des preuves (Règlement (CE) n° 1206/2001 du Conseil du 28 mai 2001 relatif à la coopération entre les juridictions des États membres dans le domaine de l'obtention des preuves en matière civile ou commerciale, JOCE L.174/1, 27 juin 2001).

entendue ». Ainsi, l'exigence de célérité au cœur de la procédure de retour de l'enfant ne doit pas se faire au détriment du principe du contradictoire.

22. Si l'ensemble de ces garanties est respecté, l'enfant doit retourner dans l'État de sa résidence habituelle avant son déplacement en vertu d'une décision rendue par l'autorité de l'État refuge. Cette compétence des autorités de l'État refuge ne doit pas dénier la coopération entre les États nécessaire afin d'assurer le retour immédiat de l'enfant. Et cette prééminence des autorités de l'État refuge ne doit pas occulter la compétence dévolue aux autorités d'origine dans la lutte contre les déplacements illicites.

II. Les autorités de l'État d'origine, un rempart contre les déplacements illicites d'enfants

23. Le contentieux relatif au déplacement illicite est « *souvent présenté sous le seul angle du retour immédiat de l'enfant* » relevant de la compétence des autorités de l'État refuge[69]. Pourtant, la compétence dévolue aux autorités d'origine dans le contentieux lié à la responsabilité parentale s'avère un rempart utile afin de lutter contre les déplacements illicites (A). Aussi, le règlement Bruxelles II *bis* confère aux autorités de l'État d'origine un rôle inédit, en leur permettant d'ordonner le retour immédiat de l'enfant pourtant refusé par les autorités de l'État refuge (B).

A. LA LUTTE CONTRE LES DÉPLACEMENTS PAR LA COMPÉTENCE RELATIVE À LA RESPONSABILITÉ PARENTALE

24. En matière de responsabilité parentale, en principe, la compétence juridictionnelle est attribuée aux autorités de la résidence habituelle de l'enfant[70]. En vertu du principe de proximité, les juridictions de l'État sur lequel l'enfant réside habituellement sont considérées comme les mieux placées pour statuer sur toutes les questions concernant la responsabilité parentale. Aussi légitime que soit cette règle de principe, elle s'avère inadaptée en cas de déplacement illicite.

---

[69] E. Gallant, « Règlement (CE) n° 2201/2003 du 27 novembre 2003 relatif à la compétence, la reconnaissance et l'exécution des décisions en matière matrimoniale et en matière de responsabilité parentale abrogeant le règlement n° 1347/2000 », *in Droit processuel civil de l'Union européenne*, L. Cadiet, E. Jeuland et S. Amrani-Mekki (dir), LexisNexis, Droit et Professionnels, 2011, n° 223, p. 78.

[70] Art. 5 Conv. La Haye 19 oct. 1996 ; art. 8 Règl. Brux. II *bis*.

25. En effet, dans le cadre des déplacements illicites d'enfant, il n'est pas rare qu'un parent déplace son enfant afin de se placer sous la compétence d'une législation qui lui est propice. L'objectif est de faire de l'enlèvement un moyen de résolution des conflits par la pratique du fait accompli. Le principe est simple. Un parent déplace son enfant vers un État dont les règles relatives à l'autorité parentale lui sont favorables. Puis, se prévalant de la résidence de l'enfant dans cet État, le parent à l'origine du déplacement saisit les autorités de l'État refuge. Enfin, les autorités saisies appliquant par principe leur loi[71], une demande sur le fond relative à l'autorité parentale est formée afin de faire échec au mécanisme du retour immédiat.

26. Afin de décourager cette stratégie procédurale, une dérogation à la règle de principe relative à la compétence juridictionnelle est posée. Les juridictions de l'État membre dans lequel l'enfant avait sa résidence habituelle immédiatement avant son déplacement ou son non-retour illicite, conservent leur compétence pour statuer sur le fond sur toute question relative à la responsabilité parentale[72]. Cette règle ne présume pas que l'enfant a conservé sa résidence habituelle dans l'État d'où il a été déplacé. Au contraire, l'éventualité d'une perte de résidence dans cet État est envisagée. L'objectif de la règle est d'éviter que pendant « *une période d'instabilité pour l'enfant* »[73], la compétence soit octroyée aux autorités de l'État refuge du seul fait de la présence de l'enfant sur ce territoire. En d'autres termes, contrairement au déménagement licite de l'enfant, la modification de la résidence de l'enfant en cas de déplacement illicite n'emporte pas, à elle seule, transfert de compétence au profit des juridictions de l'État où se trouve l'enfant enlevé[74].

---

[71] Art. 15 Conv. La Haye 19 oct. 1996.

[72] Art. 7 Conv. La Haye 19 oct. 1996 ; art. 10 Règl. Brux. II *bis*.

[73] P. Lagarde, *Manuel pratique sur le fonctionnement de la Convention de La Haye du 19 octobre 1996 concernant la compétence, la loi applicable, la reconnaissance, l'exécution et la coopération en matière de responsabilité parentale et de mesures de protection des enfants*, pub. HCCH, 1998, n° 47.

[74] Toutefois, il n'est pas possible de nier indéfiniment l'acquisition d'une nouvelle résidence. C'est pourquoi, un transfert de compétence aux juridictions du nouvel État où réside l'enfant est prévu dans deux cas (art. 7§1 Conv. La Haye 1996 et art. 10 règl. Brux. II *bis*), le premier lié à l'acquiescement au déplacement et le second à « *l'écoulement du temps* » (H. Fulchiron, « La lutte contre les enlèvements d'enfants », *op. cit.*, 2005, p.223, spéc. p. 228). D'une part, en cas d'acquiescement à l'enlèvement par toute personne, institution ou autre organisme ayant le droit de garde, les juridictions de l'État où l'enfant a sa nouvelle résidence habituelle sont compétentes. D'autre part, les juridictions de l'État membre sur le territoire duquel l'enfant acquiert une nouvelle résidence habituelle deviennent compétentes lorsque

27. Ainsi, les textes internationaux sont trop souvent présentés sous le seul angle du retour immédiat de l'enfant, alors que le contentieux lié au fond du droit de garde participe également au dispositif en matière de déplacement illicite d'enfant. Un arrêt de la première chambre civile, en date du 12 octobre 2017[75], a illustré toute l'utilité de cette règle de compétence juridictionnelle. En l'occurrence, un enfant résidant en France est déplacé illicitement par sa mère en Pologne. Le père saisit les juridictions françaises d'une demande d'exercice exclusif de l'autorité parentale et d'une demande de fixation à son domicile de la résidence habituelle de l'enfant. Ces demandes sont accueillies. Et le pourvoi formé par la mère est rejeté par la Cour de cassation au nom de l'intérêt de l'enfant. Cette décision « *sonne comme un avertissement aux parents tentés par l'enlèvement international* »[76]. Le maintien de la compétence des juridictions de la résidence de l'enfant avant son déplacement permet - sans le dire - de sanctionner un déplacement illicite par le transfert vers le parent victime de l'autorité parentale et de la résidence habituelle de l'enfant. Il est vrai que le juge chargé de statuer sur le fond est libre d'estimer, dans son pouvoir souverain d'appréciation, que l'intérêt de l'enfant commande d'entériner l'enlèvement. Mais le maintien de la compétence des juridictions de l'État dans lequel l'enfant avait sa résidence habituelle immédiatement avant son déplacement ou son non-retour illicite pour statuer sur le fond sur toute question relative à la responsabilité parentale s'avère une arme tant pour dissuader les enlèvements d'enfants que pour lutter contre ces enlèvements.

28. Concernant la responsabilité parentale, il doit être noté que les autorités de l'état refuge ne sont pas totalement exclues. Toutefois, elles ne peuvent faire échec au principe de retour de l'enfant. En effet, en cas d'urgence, il est permis à l'État requis de prendre des mesures provisoires ou conservatoires nécessaires à la protection de la personne ou des biens de l'enfant[77].Toutefois, une précision a été apportée en matière de garde : toutes les personnes concernées par la mesure provisoire devaient être présentes sur le territoire de l'État membre afin que ses autorités puissent prendre une mesure urgente[78]. La solution peut paraître sévère, voire constituer une entrave à l'effectivité des mesures provisoires ou conservatoires. Pourtant, et

---

l'enfant y réside depuis une période d'un an au moins, qu'il y est intégré et que – schématiquement - aucune demande de retour de l'enfant ne soit pendante.

[75] Civ. 1e, 12 oct. 2017, n° 17-16.760.

[76] C. Roth, note sous Civ. 1e, 12 oct. 2017, n° 17-16.760, *AJ fam.* 2017, p. 595.

[77] Art. 7§3 Conv. La Haye 1996 et art. 20 règl. Bruxelles II *bis*.

[78] CJUE, 23 déc. 2009, *Jasna Detiček c/ Maurizio Sgueglia*, aff. C-403/09 PPU, Rec. p. I-12193 ; *Europe* janv. 2010, comm. 57, L. Idot ; *AJ fam.* 2010, p. 131, note A. Boiché ; *Europe* janv. 2010, comm. 57, L. Idot ; *Procédures* mars 2010, comm. 73, C. Nourissat.

il s'agit de l'objectif, cette solution permet d'éviter de contourner les règles relatives aux déplacements illicites.

29. En définitive, en octroyant compétence aux autorités de l'État d'origine concernant la responsabilité parentale, le règlement disqualifie le lieu de refuge en lieu de résidence habituelle. La solution est conforme au mécanisme de retour immédiat de l'enfant déplacé, car l'objectif est d'éviter que les autorités de l'État requis rendent une décision relative au droit de garde qui contrecarrerait le mécanisme de retour de l'enfant déplacé. Ainsi, l'ensemble du système est tourné vers l'objectif du retour de l'enfant dans l'État de sa résidence habituelle avant son déplacement. Et le règlement Bruxelles II *bis* pousse à son paroxysme cette volonté de retour de l'enfant en offrant aux juridictions de l'État membre d'où l'enfant a été déplacé la possibilité de s'opposer à une décision de non-retour rendue par l'autorité de l'État refuge.

B. LE POUVOIR OCTROYÉ AUX AUTORITÉS DE L'ÉTAT D'ORIGINE DE S'OPPOSER À UNE DÉCISION DE NON-RETOUR DE L'ENFANT, UNE SPÉCIFICITÉ DU RÈGLEMENT BRUXELLES II *BIS*

30. En cas de décision de non-retour de l'enfant, le règlement Bruxelles II *bis* innove en offrant aux juridictions de l'État membre d'où l'enfant a été déplacé la possibilité de s'opposer à une décision de non-retour rendue par l'autorité de l'État refuge[79]. Dans l'Union européenne, la décision de non-retour rendue en vertu de l'article 13 de la Convention de La Haye de 1980 ne met pas un terme à la procédure. Au contraire, une telle décision ouvre une étape supplémentaire permettant potentiellement le retour de l'enfant. De manière inédite, dans l'espace judiciaire européen, le « dernier mot » revient aux autorités d'origine qui s'avère des remparts contre les échecs au mécanisme du retour immédiat de l'enfant.

31. Ce système original joue uniquement en présence de décision de non-retour rendue par une juridiction d'un État membre et sur le fondement l'article 13 de la Convention de La Haye de 1980[80]. Dans ce cas, la juridiction de l'État refuge a l'obligation de transmettre « *immédiatement* »[81] une copie de sa décision et toutes les informations nécessaires à la juridiction compétente de l'État dans lequel l'enfant avait sa résidence habituelle avant son déplacement illicite. Ces documents doivent être reçus dans un délai

---

[79] Art. 11 § 6 et § 7 règl. Bruxelles II *bis*.

[80] Sur l'article 13 de la Convention de La Haye, v. *supra* n° 18 et s.

[81] Art. 11 § 6 règl. Bruxelles II *bis*.

d'un mois à compter de la date de la décision de non-retour conformément au droit national[82]. En France, ces procédures faisant suite à une décision de non-retour sont précisées au Code de procédure civile et ont été modifiées par le décret n° 2017-892 du 6 mai 2017 portant diverses mesures de modernisation et de simplification de la procédure civile créant les articles 1210-10 et 1210-11. Désormais, la décision étrangère de refus de retour et les documents les accompagnant doivent être communiqués « *à la juridiction déjà saisie par les parties d'une demande relative à l'exercice de l'autorité parentale ou, à défaut, au juge aux affaires familiales territorialement compétent en application de l'article L. 211-12 du code de l'organisation judiciaire, dans le ressort duquel réside le parent ayant sollicité le retour de l'enfant en France* »[83]. Le décret du 6 mai 2017 simplifie le système procédural de remise en cause d'une décision de non-retour en prévoyant deux hypothèses[84]. En cas de transmission à la juridiction déjà saisie, la décision et les documents sont notifiés aux parties par le greffe. Dans cette première hypothèse, si une partie forme une nouvelle demande tendant à voir ordonner le retour de l'enfant sur le fondement de l'article 11 du règlement Bruxelles II *bis*, « *la juridiction se dessaisit s'il y a lieu au profit du juge aux affaires familiales spécialement désigné par l'article L. 211-12 du code de l'organisation judiciaire dans le ressort de la même cour d'appel* »[85]. En revanche, en cas de transmission au juge aux affaires familiales territorialement compétent en application de l'article L. 211-12 du Code de l'organisation judiciaire, la décision et les documents sont notifiés aux titulaires de l'exercice de l'autorité parentale par le greffe. Dans cette seconde hypothèse, et conformément à l'article 11 § 7 du règlement Bruxelles II *bis*, les titulaires de l'exercice de l'autorité parentale sont invités, dans le délai imparti de trois mois, à présenter leurs observations[86].

---

[82] La Cour de justice de l'Union européenne a précisé que « *L'article 11, paragraphes 7 et 8, du règlement (...), doit être interprété en ce sens qu'il ne s'oppose pas, en principe, à ce qu'un État membre attribue à une juridiction spécialisée la compétence pour examiner les questions du retour ou de la garde de l'enfant dans le cadre de la procédure prévue par ces dispositions, même lorsqu'une cour ou un tribunal est déjà, par ailleurs, saisi d'une procédure au fond relative à la responsabilité parentale à l'égard de l'enfant* » CJUE, 9 janv. 2015, *Bradbrooke c/ Aleksandrowicz*, aff. C-498/14 (PPU), Europe, n° 3, mars 2015, comm. 134, L. Idot ; *AJ fam.* 2015, p. 107, note A. Boiché.

[83] Art. 1210-11 CPC

[84] A. Devers, « Déplacement illicite international d'enfants : modifications procédurales. Décr. n° 2017-892, 6 mai 2017, JO 10 mai », *D. actu.* 20 mai 2017.

[85] Art. 1210-11 al. 2 CPC.

[86] Art. 1210-11 al. 3 CPC et art. 11 § 7 règl. Brux. II *bis*.

32. Plusieurs issues sont alors envisageables.

Les juridictions de l'État d'origine peuvent accepter le refus du retour de l'enfant tout en statuant sur le fond du droit de garde. Dans cette première hypothèse, la compétence est par la suite transférée aux autorités de la nouvelle résidence de l'enfant acquise en raison de la décision de non-retour entérinée. En effet, conformément à l'article 10 du règlement Bruxelles II *bis*, « *les juridictions de l'État membre dans lequel l'enfant avait sa résidence habituelle immédiatement avant son déplacement ou son non-retour illicites conservent leur compétence jusqu'au moment où l'enfant a acquis une résidence habituelle dans un autre État membre et que (...) une décision de garde n'impliquant pas le retour de l'enfant a été rendue par les juridictions de l'État membre dans lequel l'enfant avait sa résidence habituelle immédiatement avant son déplacement ou son non-retour illicites* »[87].

Aussi, les juridictions de l'État d'origine peuvent clore l'affaire à défaut de réception d'observation dans le délai de trois mois[88]. Dans cette deuxième hypothèse, la compétence pour statuer sur la question de la garde et plus généralement de la responsabilité parentale revient définitivement à la juridiction de l'État membre dans lequel l'enfant a été déplacé. En effet, conformément à l'article 10 du règlement Bruxelles II *bis*, « *les juridictions de l'État membre dans lequel l'enfant avait sa résidence habituelle immédiatement avant son déplacement ou son non-retour illicites conservent leur compétence jusqu'au moment où l'enfant a acquis une résidence habituelle dans un autre État membre et que (...) une affaire portée devant une juridiction de l'État membre dans lequel l'enfant avait sa résidence habituelle immédiatement avant son déplacement ou son non-retour illicites a été close en application de l'article 11, paragraphe 7* »[89].

Enfin, les juridictions de l'État d'origine peuvent ordonner le retour de l'enfant. Dans cette dernière hypothèse, la juridiction ne statue pas *stricto sensu* sur la décision de non-retour. Une décision sur la garde de l'enfant impliquant son retour est rendue qui, par répercussion, neutralise dans ses effets la décision de non-retour. Le règlement assure l'effectivité de ce dispositif par la procédure dite *fast-track*[90]. Suivant cette procédure, la décision qui a pour effet d'entraîner le retour de l'enfant est exécutoire de

---

[87] Art. 10 b) iv) règl. Brux. II *bis*.

[88] Art. 11 § 7 règl. Brux. II *bis*.

[89] Art. 10 b) iii) règl. Brux. II *bis*.

[90] B. Ancel et H. Muir Watt, « L'intérêt supérieur de l'enfant dans le concert des juridictions : le Règlement Bruxelles II *bis* », *Rev. crit. DIP* 2005, p. 569, spéc. n° 33 et s.

plein droit dans l'espace judiciaire européen au vu du certificat visé à l'article 42 du règlement et délivré d'office par le juge qui rend ladite décision[91]. Il y a donc une attribution *de plano* de la force exécutoire, une dispense de la procédure d'*exequatur*[92]. Et afin d'assurer la célérité dans la mise en œuvre de la procédure de retour, la Cour de justice de l'Union européenne a précisé qu'« *une fois une décision de non-retour prise et portée à la connaissance de la juridiction d'origine, il est sans incidence, aux fins de la délivrance du certificat prévu à l'article 42 du règlement (...), que cette décision ait été suspendue, réformée, annulée ou, en tout état de cause, ne soit pas passée en force de chose jugée ou ait été remplacée par une décision de retour, pour autant que le retour de l'enfant n'a pas effectivement eu lieu* »[93]. Aussi, une décision de la juridiction compétente ordonnant le retour de l'enfant relève du champ d'application de l'article 11 § 8, « *même si elle n'est pas précédée d'une décision définitive de la même juridiction relative au droit de garde de l'enfant* »[94].

33. En définitive, les différents textes internationaux existants mettent en place une coopération entre les États tournée vers la protection des enfants, en instaurant des procédures pour lutter contre les déplacements illicites et pour faciliter le retour immédiat et sans danger de l'enfant déplacé illicitement. Ce système conventionnel et réglementaire a prouvé son efficacité. Toutefois, des lacunes sont encore à relever. Une lacune majeure est celle des délais excessifs de retour de l'enfant qui font l'objet de discussion au sein des actuels travaux de révision du règlement Bruxelles II bis[95]. Au-delà de cette lacune, l'efficacité du système de lutte contre les déplacements illicites d'enfants souffre d'une déficience primaire. La protection et le retour de l'enfant déplacé illicitement supposent que l'État

---

[91] Art. 11 §8 et art. 40 et s. règl. Bruxelles II *bis*.

[92] P. Hammje, « Le Règlement (CE) n° 2201/2003 du 27 novembre 2003 dit "Bruxelles II bis". Les règles relatives à la reconnaissance et à l'exécution », *in Le nouveau droit communautaire du divorce et de la responsabilité parentale*, *op. cit.*, p. 87, spéc. p. 99 et 100.

[93] CJCE, 11 juill. 2008, *Inga Rinau*, aff. C-195/08 PPU, *Rec.* p.I-5271 ; *Rev. crit. DIP* 2008, p. 871, note H. Muir Watt ; *Procédures* nov. 2008, comm. 351, C. Nourissat ; *AJ fam.* 2008, p. 350, obs. A. Boiché; *Europe* oct. 2008, comm. 351, L. Idot.

[94] CJUE, 1er juill. 2010, *Doris Povse c/ Mauro Alpago*, aff. C-211/10 PPU, *Rec.* p. I-6673 ; *AJ fam.* 2010, p.482, note A. Boiché ; *Europe* oct. 2010, comm. 349, L. Idot ; *Procédures* oct. 2010, comm.344, comm. C. Nourissat ; *Dr. fam.* mars 2011, comm. 50, M. Farge ; *JCP. Éd. G.* 2010, 956, note A. Devers.

[95] V. not. proposition de règlement du Conseil relatif à la compétence, la reconnaissance et l'exécution des décisions en matière matrimoniale et en matière de responsabilité parentale, ainsi qu'à l'enlèvement international d'enfants (refonte) (COM(2016)0411 – C8-0322/2016 – 2016/0190(CNS)).

refuge soit partie à une convention internationale relative aux déplacements illicites d'enfants. À défaut, à l'international, les litiges sont souvent traités comme de simples litiges relatifs à la responsabilité parentale résolus par les règles classiques de droit international privé et de la protection diplomatique. Règles classiques qui n'assurent pas une protection effective de l'enfant illicitement déplacé.

L'AVOCAT DE L'ENFANT

Odile MONACO et Yolaine BREYTON-DUFAU

Par enfant, nous parlons plus généralement du mineur. La minorité en droit français se situe entre 0 et 18 ans. L'incapacité d'exercice qui est ainsi prévue pour le mineur est destinée à le protéger. L'évolution de la société et des lois a entraîné une évolution des droits de l'enfant. Outre l'intervention du mineur dans certains domaines bien précis, adoption, changement de nom, émancipation, l'article 371-1 du Code civil prévoit que les parents associent l'enfant aux décisions qui le concernent, selon son âge et son degré de maturité.
Le droit français prévoit une autonomie progressive du mineur avec une possible participation personnelle de ce dernier, notamment dans la mise en œuvre de ses droits.

C'est dans le contexte de cette évolution qu'a pris naissance l'avocat de l'enfant qui est un avocat à part entière (I) dont les modes de désignation, d'exercice et de rémunération comportent quelques spécificités (II).

I. L'avocat de l'enfant, un avocat à part entière

L'avocat du mineur n'est pas un avocat mineur, il doit rester pleinement avocat avec des efforts plus spécifiques de psychologie, une attention au non verbal et une vigilance toute particulière quant aux mots choisis et aux messages qu'il souhaite faire passer en les adaptant à l'âge et à la maturité du mineur. Appelé à intervenir dans de nombreux domaines (B), l'avocat de l'enfant doit avant tout chose respecter les règles déontologiques (A).

A. UNE DÉONTOLOGIE UNIQUE POUR TOUS LES AVOCATS

Il n'y a pas plusieurs déontologies, selon la minorité ou la majorité de celui que l'on défend en l'assistant ou en le représentant.
Il n'en est qu'une seule qui se résume dans les termes du serment prêté par tous les avocats : « d'exercer ses fonctions avec dignité, conscience, indépendance, probité, humanité » ainsi que le prévoit la loi 31 décembre 1971- selon les termes repris dans le Règlement Intérieur National auquel sont soumis les avocats, outre le respect du secret professionnel.
L'indépendance c'est en la matière la vigilance quant aux conditions de désignation de l'avocat du mineur par rapport aux parents ; c'est également

l'indépendance par rapport à l'institution en cas de placement, d'où le rôle important des ordres des avocats dans la désignation et la formation des avocats d'enfants.
Dignité et conscience doivent être sans cesse rappelées et sont mises à l'épreuve quelquefois des conditions d'exercice, avec notamment des désignations tardives, qui ne doivent pas empêcher de prendre le temps d'écouter, de comprendre et de conseiller.
Ainsi le mineur doit être considéré comme un client à part entière et à ce titre, il est important de le recevoir dans la confidentialité d'un bureau, de l'informer de ses droits et de ses obligations et ainsi lui préciser les contours de notre champ d'intervention à la défense de ses intérêts, en explicitant avec des mots adaptés à son âge, ce qu'il est ou non possible de faire en son nom.

Il sera précisé qu'il n'y a pas de mention de spécialisation en droit des mineurs, celle-ci étant incluse dans la mention de spécialisation en droit de la famille, des personnes et de leur patrimoine.
L'avocat d'enfant doit à son client mineur, comme à tous ses clients, la garantie du secret professionnel, en l'informant du choix concerté qui sera fait quant à ce qu'il souhaite ou non dévoiler. L'enfant a droit au respect de son intimité comme tout adulte.
Il appartient à l'avocat formé spécifiquement à son écoute, d'éclairer le mineur, de le guider dans ses choix, d'alimenter sa réflexion, et au besoin de lui conseiller de consulter un professionnel de la psychologie pour travailler la question.
Seul le client délivre l'avocat du secret et il est donc décidé avec le mineur comme avec tout autre client de ce qui pourra être dit.
C'est un rappel essentiel en début d'entretien avec le mineur, qui permet à la fois de libérer la parole et de faire prendre conscience au mineur des incidences éventuelles de ce qui sera dit ou non. Le secret professionnel s'impose à ceux qui en sont dépositaires avec pour corollaire plusieurs formes de responsabilité professionnelle.
Une question récurrente que se posent les avocats d'enfants concerne l'existence d'un conflit entre l'obligation de secret professionnel et l'obligation de signalement en cas de danger. Or les avocats ne sont pas soumis à l'obligation de signalement. En principe, le secret professionnel de l'avocat est donc absolu. L'avocat n'est pas soumis à l'obligation de dénoncer un crime, des privations ou des mauvais traitements dont il aurait connaissance dans l'exercice de sa mission.
Mais il ne serait pas pour autant susceptible d'être sanctionné pour violation du secret professionnel, s'il informait les autorités judiciaires, médicales ou administratives de privations ou de sévices infligés à un mineur.

Ainsi, le secret professionnel peut être levé pour signaler un danger encouru par un mineur. C'est une possibilité pour l'avocat du mineur, et ce n'est pas une obligation.
Cependant, dans l'hypothèse où la révélation des faits constituerait le seul moyen pour soustraire le mineur au danger, l'inaction de l'avocat pourrait le cas échéant et en cas de préjudice causé par la non-dénonciation, être constitutive du délit de non-assistance à personne en péril.
L'avocat de l'enfant apprécie donc l'opportunité de la révélation des faits dont il a eu connaissance par le mineur au regard de la gravité des risques encourus par celui-ci.
Le mieux est de mettre en œuvre tous les relais existants pour aider le mineur à accepter de participer volontairement à la libération de ses secrets, tout en l'éclairant sur les incidences civiles et pénales de ses révélations, le tout toujours en fonction de son âge.

L'équilibre est subtil et les réponses à ces questions s'apprécient comme toujours au cas par cas, en faisant la balance entre le respect de la volonté du mineur et le respect de son intérêt pour déterminer auquel il convient de donner la priorité, avec si possible un accompagnement pluridisciplinaire. L'avocat d'enfant peut alors lui-même décider de faire un signalement judiciaire auprès du Procureur, à défaut de déclaration d'une information préoccupante auprès du service dédié, à savoir pour le département : 06 ADRET.[96]

B. LES CHAMPS D'INTERVENTION MULTIPLES DE L'AVOCAT DE L'ENFANT

L'avocat de l'enfant est un avocat généraliste qui est susceptible d'intervenir tant sur le plan pénal que sur le plan civil et également soit de manière directe, soit de manière indirecte. La période de la séparation parentale peut être une période délicate qui fragilise le mineur et ce faisant, peut être l'occasion d'un passage à l'acte délinquant ou de mise en situation de danger. Il n'est donc pas apparu hors sujet d'aborder à cette occasion, même très succinctement, le rôle de l'avocat d'enfant en matière pénale.

---

[96] ADRET, Antenne Départementale de Recueil, d'Évaluation et de traitement des informations préoccupantes, Action sociale à l'enfance, Conseil départemental des Alpes maritimes. V. les sites suivants : protectiondelenfance@departement06.fr;https://www.departement06.fr/action-sociale-pour-l-enfance/le-dispositif-2564.html

1) Volet pénal

Le mineur peut être auteur ou victime.
Dans le premier cas, l'avocat de l'enfant intervient ainsi auprès des mineurs délinquants.
Au Barreau de Nice, la défense pénale des mineurs est assurée par le GDP (Groupe de défense pénale) dans le cadre de la défense pénale d'urgence.
Un coordinateur spécifique a été désigné pour les mineurs en dehors de la défense pénale d'urgence afin :

- de coordonner les désignations auprès du Juge des enfants et du Tribunal pour Enfants
- de s'assurer que le mineur mis en cause puisse être défendu
- que l'avocat du mineur ait le temps de préparer son dossier et une éventuelle demande d'aide juridictionnelle.

L'avocat de l'enfant a également une place importante auprès des mineurs victimes.
Quelquefois ces mineurs victimes ont des difficultés pour faire part de ce qu'ils vivent ou subissent. La parole ne se délie pas toujours facilement.
Il arrive que des parents prennent les choses en mains et contactent directement un avocat en surmontant les désaccords résultant de leur séparation.
Mais ce n'est pas toujours le cas et à défaut de représentation par ses représentants légaux, le mineur peut être représenté par un administrateur *ad hoc*, désigné par le juge, le procureur ou le tribunal, lequel fera lui-même choix d'un avocat.
L'avocat intervient le plus souvent après la révélation de l'infraction, ce qui peut poser quelques difficultés, faute de conseils suffisants en amont pour préserver les droits du mineur et le conseiller utilement.
Lorsque des jeunes enfants sont concernés, l'intervention de professionnels avocats, psychologues, pédopsychiatres est nécessaire afin d'assurer une meilleure prise en charge du mineur et afin de faciliter la prise en charge judiciaire tant par les services de police que par la justice.

Un BAV-MINEUR (Bureau d'accueil des victimes mineures) sera opérationnel à compter du 1er septembre 2018 au Tribunal de Grande Instance de Nice et plus précisément chaque mercredi après-midi au Palais Rusca.
Chapeauté par l'association MONTJOYE, un binôme composé d'un juriste et d'un psychologue sera en charge d'accueillir le mineur et sa famille afin de s'assurer d'une prise en charge efficiente de la situation et d'aider toute la cellule familiale à traverser l'épisode judiciaire, depuis le dépôt de la plainte jusqu'à la décision de justice finale.

L'avocat du mineur est présent pour l'aider à porter sa parole, afin qu'elle soit prise en compte et que la justice statue de la manière la plus équitable possible.

2) Volet civil

Le champ d'intervention de l'avocat de l'enfant au civil est assez vaste. Tout d'abord, dans le cadre de l'assistance éducative, la procédure se déroule devant le juge des enfants dès lors qu'il est reconnu que le mineur est en danger.
Un enfant mineur non-émancipé peut bénéficier de mesures d'assistance éducative :

- si sa santé, sa sécurité ou sa moralité est menacée,
- ou si les conditions de son éducation ou de son développement physique, affectif, intellectuel et social sont gravement compromises.

Ce n'est pas un domaine où l'avocat de l'enfant est souvent présent, car les mineurs qui ont besoin de cette prise en charge sont rarement en capacité de saisir tout seul un avocat ou de demander à leur parent d'être défendu.
En revanche, le juge des enfants peut estimer qu'il est de l'intérêt du mineur d'être assisté et saisir l'Ordre des Avocats d'une demande de désignation. Cela peut être le cas dans certaines procédures de divorce ou de séparation particulièrement conflictuelles et de nature à mettre l'enfant en danger, de sorte que la saisine du juge des enfants se justifie.
Dans ces situations, l'enfant présente plus de chances d'être assisté d'un avocat, il est alors préférable que ce soit le même avocat que celui qui l'aura assisté lors de son audition devant le juge aux affaires familiales si celle-ci a été demandée.
Ensuite, l'avocat peut intervenir en matière de filiation dès lors qu'il y a recherche ou contestation de filiation. Ces contentieux naissent souvent à l'occasion de séparation.
L'avocat du mineur est présent, assez fréquemment par l'intermédiaire de l'administrateur *ad hoc* qui est désigné pour représenter le mineur dans cette procédure car le législateur considère que les intérêts de l'enfant sont susceptibles d'être en contradiction avec les intérêts des parents.
Enfin, l'avocat intervient essentiellement en matière d'audition devant le juge aux affaires familiales, domaine abordé ultérieurement de façon détaillée pour illustrer les cas d'intervention de l'avocat de l'enfant les plus fréquents en matière de séparation parentale.

3) L'intervention directe ou indirecte de l'avocat de l'enfant

Au-delà de cette distinction entre le volet pénal et le volet civil, il est possible de sérier les champs d'intervention de l'avocat de l'enfant, selon qu'il intervient directement pour le mineur ou par l'intermédiaire de son représentant légal.

L'avocat d'enfant est en lien direct avec le mineur dans le cadre d'une procédure pénale pour la défense des intérêts d'un mineur délinquant, soit d'un mineur auteur, ou lors d'une procédure d'assistance éducative et également lors de l'audition d'un mineur.
Le mineur est alors le client direct de l'avocat, lequel l'assiste, sans nécessité d'un représentant légal.
L'avocat de l'enfant intervient indirectement pour le compte du mineur, lorsqu'un intermédiaire est requis, lorsqu'il assiste ou représente :

- un représentant légal parent ou tuteur, ce qui est la situation classique d'un mineur dont le parent intervient pour le protéger ou le défendre.
- un administrateur *ad hoc* désigné pour une procédure définie et particulière (soit parce que les parents sont défaillants, soit parce qu'ils sont en conflit d'intérêts entre le mineur victime et l'auteur de l'infraction[97], soit parce que la loi le prévoit, en matière de recherche ou contestation de filiation).

4) Des droits procéduraux tenant à la qualité de partie à la procédure

En matière procédurale, les droits dont dispose l'avocat du mineur dépendent, selon que le mineur a ou non la qualité de partie à la procédure, qu'elle soit civile ou pénale.
Tel est le cas du droit d'accès au dossier, de celui de formuler des demandes, de produire des conclusions, lesquels découlent de la qualité de partie au procès.
De même, selon les champs d'intervention, l'avocat du mineur peut avoir la possibilité de représentation du mineur ou de son représentant légal ou un simple droit d'assistance
Les voies de recours ne sont également ouvertes qu'aux mineurs qui ont la qualité de partie à la procédure. Quand le mineur n'est pas partie à la procédure, ce qui est le cas par exemple lorsqu'il est entendu en justice, l'avocat du mineur n'a que la possibilité de l'assister et non de le représenter et surtout l'avocat ne peut exercer aucun droit processuel, donc ni former de

[97] Ainsi, par exemple dans le cas d'une petite fille agressée sexuellement par le grand-père.

demande, ni envisager de recours au nom du mineur contre la décision qui ne lui conviendrait pas.

Appelé à intervenir dans de nombreuses situations, l'avocat de l'enfant est certes un avocat mais un avocat qui présente des caractéristiques particulières

II. L'avocat de l'enfant : un avocat avec des caractéristiques particulières

L'avocat de l'enfant présente incontestablement des spécificités (A) comme en attestent certaines illustrations (B).

A. LES SPÉCIFICITÉS DE L'AVOCAT DE L'ENFANT

1) Un avocat formé et spécialisé.

Au Barreau de Nice, il existe un groupe des avocats de l'enfant. Pour en faire partie, il faut signer une convention avec l'Ordre des Avocats représenté par son Bâtonnier laquelle comporte des engagements qui sont renouvelés chaque année.
En signant cette convention, l'avocat s'engage à suivre une formation obligatoire axée sur la défense et l'assistance des mineurs. L'avocat précise les champs d'intervention dans lesquels il souhaite intervenir, et indique s'il veut être désigné pour le civil et le pénal ou l'un des deux seulement. Au Barreau de Nice, 120 avocats sur 1 180 font partie de ce groupe.
Ces avocats doivent respecter un certain nombre d'engagements, notamment en matière d'audition de l'enfant, tels que de ne pas recevoir les parents de l'enfant qui doit être auditionné ou encore de ne pas transmettre le procès-verbal d'audition de l'enfant aux parents.

2) L'accès du mineur au juge et l'information du mineur

Dans toutes les procédures le concernant, le juge doit s'assurer que le mineur a bien été informé de son droit à être entendu en justice.
En pratique, il est demandé aux parents de signer un formulaire lequel est établi sur l'honneur et engage le parent mais ne permet concrètement aucune réelle vérification de ce que l'information a bien été délivrée par le parent à son enfant.
D'ailleurs, un même enfant sollicité par chacun de ses deux parents quant à son souhait de parler au juge pourrait très bien faire une réponse différente.

3) Avocat choisi ou désigné ?

Aucun texte ne permet d'exclure ou d'interdire le choix de l'avocat par le mineur, même si sauf exception, le plus souvent, ce choix est celui de l'un ou l'autre des parents. C'est pourquoi l'Ordre des avocats du Barreau de Nice a mis en place un processus de désignation pour que cela reste l'exception. Le processus de désignation passant par l'Ordre des avocats et le Bâtonnier ou son délégataire est un système satisfaisant qui a été mis en œuvre par la majorité des barreaux afin de préserver au mieux l'indépendance de l'avocat de l'enfant notamment par rapport à celui des parents.

4) Rémunération et indépendance

L'avocat de l'enfant est souvent rémunéré au bénéfice de l'aide juridictionnelle. Il est certain que l'avocat de l'enfant ne fera pas fortune ainsi. Mais le grand mérite de ce système, selon lequel l'État rémunère les avocats dans le cadre de leur mission de défense et d'assistance des mineurs, est de concourir au mieux à ce que l'avocat de l'enfant soit totalement indépendant des parents. Ce n'est cependant pas une obligation et rien n'empêche juridiquement que l'avocat de l'enfant puisse être choisi par un membre de la famille qui le rémunère. Il devra alors dans ce cas avoir une vigilance toute particulière.

B. DEUX ILLUSTRATIONS ADAPTÉES À LA THÉMATIQUE DE LA JOURNÉE

Les deux cas les plus fréquents d'intervention des avocats d'enfant dans le cadre des contentieux afférents à la séparation parentale sont l'audition de l'enfant et l'assistance éducative.

1) L'audition du mineur, le mineur non partie à la procédure

L'audition du mineur a fait l'objet d'une abondante évolution législative. L'audition du mineur était prévue dès 1975 dans le Code civil. Le juge avait ainsi la faculté de procéder à l'audition du mineur dans la mesure où elle était nécessaire et ne comportait pas d'inconvénients pour ce dernier. Douze ans plus tard, en 1987, le juge pouvait entendre tout mineur de plus de 13 ans dans le cadre de la procédure de divorce de ses parents.
La Convention internationale des droits de l'enfant du 20 novembre 1989[98] a ensuite reconnu la liberté d'expression du mineur comme identique à tout

[98] JO 12 oct. 1990.

sujet de droit et a posé comme principe le respect de l'opinion de l'enfant. Sa portée est restée limitée faute de reconnaissance de son applicabilité directe mais son influence est certaine.
Sur le plan interne, l'article 388-1 du Code civil issu de la loi n° 93-22 du 8 janvier 1993 prévoyait que : « (...) *le mineur capable de discernement* ***peut,*** *sans préjudice des dispositions prévoyant son intervention ou son consentement, être entendu par le juge ou la personne désignée par le juge à cet effet. Lorsque le mineur en fait la demande,* ***son audition ne peut être écartée que par une décision spécialement motivée****.* (...) ».
Par la suite, le droit de l'Union européenne avec le Règlement Bruxelles II bis a incontestablement joué un rôle majeur dans l'évolution du droit de l'enfant d'être entendu dans les procédures le concernant. La Charte des droits fondamentaux de l'Union européenne, adoptée le 7 décembre 2000 et entrée en vigueur avec le Traité de Lisbonne le 1er décembre 2009, consacre également, de manière générale, la possibilité pour les enfants d'exprimer librement leur opinion.
La loi n° 2007-293 du 5 mars 2007 sur la protection de l'enfance a donc modifié l'article 388-1 du Code civil pour le rendre conforme aux exigences internationales et communautaires relatives à l'audition de l'enfant en justice.
L'élaboration d'un régime procédural de l'audition du mineur résulte des dispositions du décret du 20 mai 2009, lequel précise :

- le régime du recueil de la parole de l'enfant en justice, aux articles 338-1 à 338-12 du code de procédure civile ;
- le droit de l'enfant d'être informé sur ses droits relatifs à l'audition, conformément aux exigences de la Convention européenne sur l'exercice des droits des enfants ;
- il module l'obligation du juge de satisfaire la demande d'audition selon qu'elle émane de l'enfant ou des parents ;
- et il organise, pour la première fois depuis que l'audition de l'enfant a fait son apparition dans le Code civil, la transmission du contenu de l'audition.

L'article 388-1 du Code civil consacre désormais un véritable droit général de l'enfant d'être entendu dans toute procédure le concernant. Il dispose en effet : « *Dans* ***toute procédure le concernant****, le* ***mineur capable de discernement*** *peut, sans préjudice des dispositions prévoyant son intervention ou son consentement, être entendu par le juge ou, lorsque son intérêt le commande, par la personne désignée par le juge à cet effet.* ***Cette audition est de droit lorsque le mineur en fait la demande. Lorsque le mineur refuse d'être entendu, le juge apprécie le bien-fondé de ce refus. Il peut être entendu seul, avec un avocat ou une personne de son choix. Si ce choix n'apparaît pas conforme à l'intérêt du mineur, le juge peut procéder***

à la désignation d'une autre personne. L'audition du mineur ne lui confère pas la qualité de partie à la procédure. *Le juge s'assure que le mineur a été informé de son droit à être entendu et à être assisté par un avocat* ».

Ainsi, le texte subordonne expressément l'audition de l'enfant à trois conditions :

- une procédure préalable.

Le mineur n'est pas partie à la procédure et n'a pas la capacité d'engager la procédure. Il est impératif que l'un des parents, un des grands-parents, un tiers qui a fréquenté l'enfant, prenne l'initiative de la procédure ;

- une procédure concernant le mineur.

Il s'agit des litiges familiaux, intervenant dans le cadre d'un divorce ou d'une séparation parentale. Sont ainsi concernées les procédures afférentes à la résidence de l'enfant, au droit d'accueil de l'autre parent, aux droits de visite des grands-parents, etc. Certains auteurs vont jusqu'à affirmer que le mineur pourrait être entendu dans un litige qui ne concernerait que les modalités financières, ce qui n'est jamais le cas en pratique ;

- un mineur doué de discernement.

Le discernement du mineur est apprécié au cas par cas.

La demande d'audition formulée directement par l'enfant crée une présomption quasi irréfragable de discernement que le Défenseur des droits avait d'ailleurs proposé d'inscrire dans la loi dans son rapport de 2013 ; proposition qui n'a pas été suivie.

C'est cette exigence qui justifie la modification introduite par la loi du 5 mars 2007, des termes de l'article 388-1 du Code civil, en disposant que l'audition est de droit quand le mineur en fait la demande.

Reste qu'en pratique se pose la question de savoir comment le magistrat peut-il apprécier le discernement de l'enfant avant de l'avoir entendu.

Indirectement un critère d'âge est pris en compte, les enfants trop jeunes ne sont pas entendus. À titre d'exemple, la convention signée entre le Barreau de Nice et le Tribunal de Grande Instance de Nice le 3 juin 2009, afin d'améliorer les modalités pratiques de l'audition de l'enfant, prévoit de fixer autour de sept à huit ans, un seuil d'âge minimum théorique auquel l'enfant est capable de discernement. Le Barreau de Grasse n'a pas de convention équivalente et l'appréciation des magistrats retient un seuil théorique de discernement qui est plus élevé aux alentours de dix ans.

En revanche, si l'audition n'est pas directement demandée par le mineur mais indirectement par un des parents, l'article 338-4 alinéa 2 du code de procédure civile, permet au juge de refuser l'audition, lorsqu'il considère qu'elle n'est pas nécessaire à la solution du litige ou lorsque qu'elle est contraire à l'intérêt du mineur[99]. La Cour de cassation rappelle d'ailleurs que le refus de l'audition ne peut être fondé, en application de l'article 338-4, alinéa 1er du code de procédure civile, que sur l'absence de discernement du mineur ou sur le fait que la procédure ne le concerne pas[100]. En tout état de cause, l'avocat de l'enfant, après l'avoir rencontré et avoir fait le point avec lui sur ses motivations et son souhait réel de s'exprimer ou non, peut être conduit à donner son avis au juge sur l'opportunité de cette audition.

S'agissant des modalités de l'audition, elle peut être effectuée par le juge lui-même ou par une personne qualifiée désignée par le magistrat à cet effet. En pratique, et sauf contexte très particulier, les avocats préfèrent éviter les auditions déléguées à des personnes qui ne connaissent pas la situation des parents, le contexte du dossier et les enjeux.
Le juge qui rencontre l'enfant peut plus facilement retirer l'essentiel de cette audition, qui ne résulte pas forcément des quelques mots énoncés, mais aussi du para-verbal, soit de la voix, et du ton employé par l'enfant, ainsi que des attitudes et comportements qui relèvent du non verbal dont la déperdition est quasi-totale quand l'audition est déléguée. L'avocat de l'enfant prépare l'audition avec le mineur au préalable, il fait sa connaissance, comprend de qui émane la demande, lui explique le contexte de cette audition, son enjeu et ses limites.

L'avocat aide le mineur à faire émerger ses besoins, ce qui est important pour lui et ce indépendamment de ce que peut souhaiter chacun de ses parents.
Le mineur est informé par son avocat de ce qu'un compte rendu écrit dans le respect du principe du contradictoire sera établi par le juge en reprenant l'essentiel de ses propos et sera porté à la connaissance de ses parents, selon la décision prise par le Barreau de Nice et la chambre de la famille dans la convention susvisée.

2) L'Assistance éducative : le mineur, partie à la procédure

Lorsqu'il existe un contentieux aigu entre les parents qui est de nature à mettre leur enfant en situation de danger, le Juge des Enfants peut s'estimer compétent au visa des dispositions des articles 375 et suivants du Code civil. Dans ce type de procédure, il peut être utile de faire procéder à la désignation d'un avocat pour le mineur, afin de l'aider à faire émerger sa

---

[99] Ainsi, en présence d'éléments suffisants, les juges du fond peuvent valablement refuser l'audition de l'enfant demandée par le père, pour le protéger du conflit parental. V. Cass. civ. 1re, 16 déc. 2015, n° 15-10442.

[100] Cass. civ. 1re, 18 mars 2015, n° 14-11.392, RJPF mai 2015, p. 28, obs. I. Corpart.

parole, tout en le dégageant du conflit. Le mineur, partie à la procédure peut formuler des demandes au juge. Il dispose alors par l'intermédiaire de son conseil d'un accès à la procédure. Dans ces situations, le travail éducatif et psychologique fait avec les mineurs par les services désignés est important et la relation de confiance du mineur avec son avocat se tisse malheureusement souvent au long cours.

CONCLUSION

Accorder la parole à l'enfant c'est lui reconnaître une existence autonome et le droit d'exprimer ses souhaits de vie par rapport à la séparation de ses parents et au conflit parental.
Lorsque les parents s'entendent et font le choix ensemble des modalités afférentes à l'exercice conjoint de l'autorité parentale, souvent ils ont pris en compte le choix ou l'expression de volonté de leurs enfants.
Exercer en qualité d'avocat de l'enfant, conduit l'avocat au cœur du conflit parental à hauteur du regard des enfants. Écouter ces enfants, leurs doutes, leurs choix et leur souffrance parfois, ne peut que conduire les avocats qui acceptent d'accompagner les mineurs, à adopter un comportement différent lorsqu'ils sont eux-mêmes les avocats des parents.

Il est à l'évidence très important de se donner les moyens de prendre en compte au mieux et au plus près, la parole de l'enfant, non pas parce que « *la vérité sort de la bouche des enfants* » mais parce que bien souvent, les enfants mis à l'épreuve de la séparation parentale, parviennent à faire preuve de davantage de lucidité, de mesure et de sagesse que leurs parents.

SECONDE PARTIE

LE SORT DE LA COPARENTALITÉ

LES DIFFICULTÉS RELATIVES À LA CONTRIBUTION À L'ÉDUCATION DE L'ENFANT

Isabelle IMBERT-DUHAMEL

En cet après-midi de réflexion consacrée au « sort de la coparentalité », il m'a été demandé d'évoquer avec vous « *les difficultés relatives à la contribution à l'éducation et à l'entretien de l'enfant* », domaine de compétence réservé au juge aux affaires familiales que je suis, par les dispositions contenues dans l'article L. 213-3 du code de l'organisation judiciaire qui dispose : le juge aux affaires familiales connaît notamment des actions liées à la fixation :

- des obligations alimentaires,
- de la contribution aux charges du mariage et du PACS,
- de la contribution à l'entretien et à l'éducation des enfants.

Cette contribution à l'entretien et à l'éducation des enfants est légalement prévue dans l'article 203 du Code civil : « *Les époux contractent ensemble, par le seul fait du mariage, l'obligation de nourrir, entretenir et élever leurs enfants* ».

L'article 371-2 du même code prévoit pour tous les parents l'obligation de contribuer à l'entretien et à l'éducation des enfants « *à proportion de leurs ressources et des besoins de l'enfant* ». L'article 373-2-5 du même code complète des dispositions en visant la situation des enfants majeurs. L'obligation d'entretien, distincte des obligations alimentaires, incombe aux seuls père et mère et repose sur le lien de filiation qui se limite au 1er degré de parenté, et il n'est pas réciproque en ce sens que le comportement de l'enfant importe peu.

Enfin, chacun des parents est tenu pour le tout.

Le contentieux lié à la contribution à l'entretien et à l'éducation de l'enfant est très présent dans le quotidien du juge aux affaires familiales puisqu'il naît dans toutes les situations familiales où un enfant mineur ou majeur non autonome financièrement est présent, et les difficultés qui peuvent apparaître sont multiples, mais le temps qui m'est imparti limite nécessairement mon propos aux principales questions auxquelles le juge aux affaires familiales est confronté du fait de l'évolution des schémas sociaux :

- séparations de couples très jeunes, parents de très jeunes enfants,
- difficultés économiques, particulièrement dans notre ressort,
- situations familiales peu stables.

Pour l'essentiel, les difficultés que rencontre le juge aux affaires familiales en ce domaine se situent tant au stade de la fixation de la contribution à l'entretien et à l'éducation de l'enfant (I) qu'au stade de sa révision (II).

I.Difficultés au stade de la fixation de la contribution

Pour aboutir à sa décision, le juge aux affaires familiales doit nécessairement examiner successivement :

- les ressources et charges de chacun des parents (revenus // charges),
- les besoins de chaque enfant.

Sur ces bases, le juge aux affaires familiales tranche le litige, mais bien entendu dans les limites des propositions formulées par chacun des parents, en se gardant de statuer *infra* ou *ultra petita.*

A. LES RESSOURCES ET CHARGES DE CHACUN DES PARENTS

En pratique, il est souvent bien difficile d'obtenir la communication des justificatifs de tous les revenus de chacun, et les dossiers qui nous sont soumis par les parties sont souvent bien pauvres en renseignements, ce d'autant plus que la procédure est orale et sans avocat obligatoire. Malgré l'indication dans toutes les convocations adressées par le greffe des affaires familiales du tribunal de grande instance de Grasse de l'obligation de se présenter à l'audience en étant en possession de tous les justificatifs de sa situation financière, les justiciables se présentent trop souvent les mains dans les poches...

Les *ressources* prises en compte sont pour l'essentiel :

- les salaires et traitements (net),
- les pensions de retraite,
- les rentes,
- les indemnités journalières,
- les allocations pôle emploi,
- les revenus et valeurs de capitaux mobiliers,
- les revenus fonciers,
- les revenus de professions non salariées (agricoles, industriels et commerciaux, non commerciaux),
- les prestations sociales.

Sont également retenues les ressources des tiers vivant avec le parent, non pas au titre de l'obligation de contribution, puisqu'aucun lien de filiation n'existe avec l'enfant, mais comme permettant au débiteur de l'obligation d'avoir un disponible supérieur.

Sur ce chapitre, les pièces utilement produites sont :

- suivant le moment de l'année le dernier avis d'imposition ou la déclaration de revenus,
- les bulletins de paie portant l'indication du net imposable (novembre ou décembre de l'année précédente, ou janvier de l'année en cours),
- le patrimoine productif de revenus,
- la preuve des avantages en nature et/ou primes contractuelles,
- le relevé de la caisse d'allocations familiales le plus récent (réévaluation des droits par la caisse chaque mois).

Pour ce qui concerne les *charges*, primauté est donnée à l'obligation alimentaire à l'égard de l'enfant, et les crédits passent théoriquement en second plan, mais il est parfois difficile de ne pas tenir compte de ceux préexistants à la fixation de la contribution.

Sont pris en compte pour l'essentiel :

- les loyers,
- les remboursements d'emprunts,
- les taxes foncières et d'habitation,
- l'impôt sur le revenu,
- les contributions à l'entretien et à l'éducation d'autres enfants du débiteur (tous les enfants même issus d'autres unions sont pris en compte),
- les pensions alimentaires versées à des ascendants.

Ces charges peuvent être justifiées par la production de quittances de loyer, tableaux d'amortissement, d'avis d'imposition (revenus, taxes) ou encore de décisions fixant des obligations alimentaires.

Le juge aux affaires familiales conserve son pouvoir d'appréciation sur le bien-fondé d'une demande de contribution lorsqu'existe parfois un manque de cohérence entre les revenus annoncés et le train de vie affiché par le débiteur.

Dans ces situations, il reste possible de fixer une contribution même si les revenus annoncés sont indigents.

B. LES BESOINS DE L'ENFANT

Se pose ici le problème du coût d'entretien et d'éducation de l'enfant dans chaque situation qui nous est soumise, puisque l'estimation du budget mensuel d'entretien doit bien entendu peser dans la balance. En effet, les besoins de chaque enfant sont à prendre en compte, quel que soit son âge, puisque l'obligation d'entretien perdure jusqu'à ce qu'il soit en mesure de subvenir seul à ses besoins, en clair, qu'il ait acquis son autonomie financière. Une étude récente a démontré que 8 ménages sur 10 soutiennent financièrement leur enfant majeur.

L'examen de ces besoins dépend :

- de l'âge de l'enfant (coût important pour un jeune enfant avant sa scolarisation - réduction du coût durant la scolarisation - coût important pour le suivi d'études supérieures),
- du niveau social de la famille,
- des choix éducatifs (public / privé),
- des études suivies,
- des activités extra-scolaires pratiquées par l'enfant,
- de l'état de santé de l'enfant (suivi médical ou psychologique - frais d'orthodontie).

Tous les justificatifs relatifs à ces différents points sont utiles pour le juge qui doit s'efforcer de déterminer le coût total de chacun des enfants, puisque la contribution doit nécessairement être individualisée dans la mesure où chaque enfant va acquérir son autonomie financière à son rythme.

C. LA DÉCISION DU JUGE AUX AFFAIRES FAMILIALES

Pour prendre sa décision, le juge aux affaires familiales doit évaluer la situation au jour où il statue, et il doit rechercher une cohérence, un équilibre dans les situations respectives des parties, en ayant en perspective les différentes possibilités qui lui sont offertes par les textes, soit :

- une contribution mensuelle sous forme de pension payable d'avance douze mois sur douze, avec indexation toujours prévue dans nos décisions ;
- la prise en charge directe de frais exposés pour l'enfant : scolaires, extra-scolaires médicaux non remboursés. Toute la difficulté consiste ici dans les limites à poser au nombre d'activités extra-scolaires, et il est possible de prévoir une participation du parent exclusivement sur celles décidées d'un commun accord entre les parties ;
- un droit d'usage et d'habitation sur un bien indivis, ou même sur un bien propre du débiteur, mais ici le risque de durée est susceptible d'être source de conflits, de sorte que cette solution est très rarement choisie ;
- le versement d'une somme d'argent entre les mains d'un organisme accrédité chargé d'accorder en contrepartie une rente indexée au profit de l'enfant (patrimoine d'affectation). Ce choix peut être opéré dans la situation d'un débiteur ayant des revenus très importants, mais sur une courte période (exemple : footballeur sous contrat avec un grand club) ;
- l'abandon de biens en usufruit (aucune demande en pratique) ;
- l'affectation de biens productifs de revenus (non utilisé).

Pour tenter d'harmoniser les décisions de justice, et aider les parties et le juge dans l'évaluation de la part contributive, la chancellerie publie depuis 2010 un « barème » ou « table de référence » qui n'a qu'une valeur indicative pour le juge, mais elle est également utile au cours des débats d'audience comme base de réflexion commune ou de discussion avec les parties présentes à l'audience. Ce barème ne peut cependant suffire à lui seul pour l'évaluation du montant de la contribution car, d'une part, la Cour de cassation a eu l'occasion de rappeler que le juge aux affaires familiales ne peut en aucun cas fonder exclusivement sa décision en s'y référant, et, d'autre part, cette table de référence ne tient compte que des revenus du débiteur chez lequel ne réside pas habituellement l'enfant, ou des deux parents lorsque l'enfant est en résidence alternée, or, comme cela a été précisé ci-dessus, beaucoup d'autres critères entrent en ligne de compte dans l'évaluation par le juge aux affaires familiales de la situation qui lui est soumise, puisqu'il conserve toujours son pouvoir d'appréciation.

Le choix du juge dépend également de celui qu'il a effectué précédemment dans sa décision, non pas sur l'exercice de l'autorité parentale (conjoint - exclusif) qui est absolument sans influence, mais sur le temps de résidence de l'enfant au domicile de chacun des parents, soit :

- résidence habituelle chez l'un avec un droit de visite et d'hébergement plus ou moins élargi à l'autre,
- résidence alternée qui n'exclut aucunement la possibilité de mettre à la charge de l'un l'obligation de verser à l'autre une contribution, et doit conduire le juge à prévoir une répartition des frais exposés pour l'enfant hors ceux concernant sa prise en charge au quotidien.

Reste la situation du débiteur de l'obligation alimentaire totalement dénué de ressources, qui peut se voir dispenser de verser une contribution, mais la preuve de l'impécuniosité doit être rapportée, et cette dispense se fait toujours jusqu'à retour à meilleure fortune. Enfin, il arrive au juge aux affaires familiales de fixer même dans ce cas de faiblesse de ressources une contribution, même symbolique, car elle est un élément de la responsabilité parentale, et la caisse d'allocations familiales ou la mutualité sociale agricole prennent le relais dans les limites fixées par le juge aux affaires familiales, en versant au parent hébergeant une allocation de soutien familial qui est aujourd'hui d'un montant mensuel de 115, 30 euros.

II. Difficultés au stade de la révision de la contribution

Deux précisions s'imposent ici sur les conditions de la révision d'une part (I) et sur les options offertes au juge d'autre part (B).

A - LES CONDITIONS DE LA RÉVISION

Les modalités d'exécution de l'obligation d'entretien de l'enfant sont révisables, que l'enfant soit mineur ou majeur, en cas de modification des ressources de l'un ou l'autre des parents, ou des besoins de l'enfant. L'existence de circonstances nouvelles ou d'une situation nouvelle relève de l'appréciation souveraine des juges du fond qui peuvent être saisis de la même façon que pour la fixation de l'obligation d'entretien, et quel que soit le type de décision à l'origine de l'obligation, même si aucune contribution n'avait été fixée initialement. La preuve de l'existence des circonstances justifiant la révision pèse sur le demandeur, mais, dans le cas où le débiteur est sans nouvelles de l'enfant depuis des années – ce qui est loin d'être un cas d'école – son action est admise et le débat se fait à l'audience.

En pratique, les situations nouvelles prises en compte tiennent à :

- des modifications des ressources du débiteur dans le sens d'une diminution (chômage, retraite, faillite d'entreprise, maladie, changement professionnel) ou d'une augmentation (nouvel emploi, installation avec un nouveau compagnon ou une nouvelle compagne et la naissance d'un nouvel enfant qui peut provoquer une diminution du montant de la contribution à l'entretien et à l'éducation de l'enfant issu de la précédente union ;
- des modifications des besoins de l'enfant ou de sa situation par :
  * le suivi d'études supérieures,
  * un changement de la résidence de l'enfant (transfert chez le parent débiteur / mise en place d'un rythme de résidence alternée),
  * un non exercice par le débiteur de son droit de visite et d'hébergement qui entraîne corrélativement une augmentation des charges du parent hébergeant ;
- des modifications des besoins du créancier par :
  * une diminution de ses revenus (problèmes de santé, chômage, retraite...),
  * une augmentation de ses revenus disponibles par des gains importants, ou encore par une vie commune avec un tiers qui prend en charge tous ses besoins personnels,
  * un éloignement géographique du débiteur qui contraint à revoir les modalités d'exercice de son droit de visite et d'hébergement, et expose également à des frais de trajets.

B. LES OPTIONS OFFERTES AU JUGE AUX AFFAIRES FAMILIALES

Après avoir examiné à nouveau tous les points développés ci-dessus relativement à la fixation de l'obligation (ressources / charges / besoins de l'enfant), un nouveau choix doit être opéré par le juge aux affaires familiales pour adapter la contribution à la situation nouvelle. Il peut ainsi :

- augmenter la contribution mensuelle ;
- diminuer la contribution mensuelle ;
- mettre en place une autre modalité de contribution que la pension mensuelle ;
- supprimer la contribution, éventuellement avec effet rétroactif à la date de saisine du juge aux affaires familiales mais pas au-delà, car il appartient à celui qui y a intérêt à agir en temps utile pour voir réexaminer la situation, sans attendre que les voies d'exécution coercitives soient choisies par le créancier, notamment la voie pénale du chef d'abandon de famille.

Toutefois, dans l'hypothèse d'un transfert de résidence chez le parent débiteur, la suppression peut se faire à compter de cet événement ;

- suspendre l'obligation de contribution jusqu'à la survenance d'un événement qui la fera renaître (cas d'indisponibilité temporaire) ;
- rétablissement d'une obligation suspendue (cas de la reprise d'une activité professionnelle pour le débiteur) ;
- création d'une obligation qui n'était initialement pas prévue du fait de la dégradation de la situation financière du créancier, ou des besoins de l'enfant, ou encore d'un transfert de sa résidence.

Il est à noter qu'en la matière toute requête adressée au juge aux affaires familiales du tribunal de grande instance de Grasse fait l'objet d'une convocation par le greffe, à laquelle est jointe une invitation à aller vers une médiation familiale, par le biais d'une séance d'information dispensée par les associations habilitées.

De même, la plupart des conventions passées initialement en ce domaine prévoient un préalable de médiation familiale avant toute nouvelle saisine du juge aux affaires familiales, ce qui est de toute évidence de nature à pacifier à la source la survenance d'un nouveau conflit parental, toujours très perturbateur pour l'enfant.

Enfin, il doit être observé que très souvent, lors des instances en révision des contributions, des demandes reconventionnelles sont formulées par le défendeur relativement au temps de résidence de l'enfant au domicile de chacun des parents, et le débat judiciaire s'étoffe ainsi sur l'organisation de la vie de l'enfant.

CONCLUSION

Les décisions du juge aux affaires familiales en cette matière ne se limitent ainsi pas à un simple calcul arithmétique, et son pouvoir d'appréciation est large.

Sans perdre de vue les enjeux humains et les conflits familiaux souvent anciens qui sont en arrière-plan des prétentions des parties, le juge doit chercher avec la plus grande rigueur à établir la situation de chacun au plus près de la réalité, en ayant pour objectif de constituer un équilibre financier entre les foyers respectifs.

Dans cette perspective, l'article 6 du projet de loi de programmation 2018-2022 et de réforme pour la Justice portant expérimentation de la déjudiciarisation de la révision du montant des pensions alimentaires en confiant à la CAF ou la MSA, ou encore à des officiers publics ou ministériels la délivrance de titres exécutoires portant sur la modification du montant des contributions à l'entretien et à l'éducation des enfants, est quelque peu réducteur car le seul critère d'appréciation sera la table de référence valant barème indicatif en la matière.

Sont toutefois écartés du projet :

- les modifications « complexes »,
- les premières fixations de contribution,
- le débat sur les modalités d'exercice du droit de visite et d'hébergement,
- les cas dans lesquels une instance est pendante devant le juge aux affaires familiales (ce qui va constituer une contrainte supplémentaire pour le greffe).

Pour ma part, je reste convaincue que l'appréciation de la situation devant un juge aux affaires familiales, au contradictoire des parties, doit demeurer la règle, ce d'autant plus que les débats sur la révision de la contribution à l'entretien et à l'éducation des enfants sont l'occasion de faire le point sur la situation des enfants, et pour le juge aux affaires familiales de rechercher la conciliation des parties et l'apaisement des conflits dans l'intérêt supérieur des enfants.

LA CODÉCISION À L'ÉPREUVE DE LA SÉPARATION

Laetitia ANTONINI-COCHIN

1- Pour reprendre une formule déjà utilisée à de nombreuses reprises, « Chacun peut se séparer de son conjoint, de son partenaire ou de son concubin mais jamais de ses enfants ». Cette expression résume assez bien le thème général qui nous intéresse aujourd'hui. Effectivement, comment le couple parental peut-il survivre à l'échec du couple conjugal ?

2- Confronté à une telle interrogation, le législateur a apporté une réponse qui a le mérite de clarté si ce n'est celui de la facilité. L'article 373-2 du Code civil dispose ainsi que « *la séparation est sans incidence sur les règles de dévolution de l'exercice de l'autorité parentale* ». En d'autres termes, la coparentalité, instituée depuis la loi du 4 mars 2002, exercée pendant la vie commune, doit en principe survivre à la désunion quelle qu'elle soit, qu'elle affecte un lien institué légalement (mariage ou pacs) ou vécu factuellement (concubinage).

Parfaitement fondée, cette solution législative est d'ailleurs conforme aux exigences internationales, s'il faut encore les rappeler, et particulièrement les articles 9 et 18 de la CIDE proclamant « le droit pour l'enfant d'être élevé par ses deux parents ».

L'exercice conjoint de l'autorité parentale implique ainsi une égalité de droits et de pouvoirs des parents séparés à l'égard de l'enfant, chacun devant respecter les droits de l'autre. De la même façon, il implique également une prise de décision commune pour toutes les questions relatives à la personne de l'enfant et ce quelle que soit son mode de résidence. En d'autres termes, la règle est simple à énoncer tel un mantra : **la coparentalité impose la codécision**.

3- Pour autant, aussi légitime soit-elle, cette exigence de codécision inhérente à l'égalité parentale peut-elle vraiment survivre à l'épreuve de la séparation ? Est-ce un mythe ou une réalité ?

Force est d'admettre que son application va susciter des difficultés en pratique. En effet, comment garantir ce processus de décision face aux vicissitudes d'une vie séparée ? Ne risque-t-il pas d'être souvent perturbé par la mésentente des parents voire tout simplement menacé ? Autant d'interrogations dont les réponses doivent nécessairement être commandées par l'intérêt supérieur de l'enfant. En effet, il ne fait aucun doute que c'est bien au nom de cet intérêt que la codécision doit être sauvegardée en cas de séparation (I) même si, pragmatisme oblige, elle se trouve parfois malmenée par les parents (II).

I. Une codécision parentale sauvegardée

4- L'exercice conjoint de l'autorité parentale suppose que toutes les décisions concernant l'enfant soient prises conjointement par les parents. Quelle belle déclaration d'intention empreinte d'égalité et sans doute aussi d'idéalisme car cette exigence de codécision porte en elle-même la possibilité d'un blocage en cas de désaccord des parents et tout spécialement lorsqu'ils sont séparés.
Aussi pour faciliter l'effectivité de ce principe et garantir les intérêts en présence, le législateur, loin d'être dupe, a-t-il mis en place un système de codécision fondé sur la nature de l'acte concernant l'enfant.
Privilégiant la confiance, il a fait le choix de poser une présomption d'accord pour les actes usuels. L'article 372-2 du Code civil dispose en effet « *qu'à l'égard des tiers de bonne foi, chacun des parents est réputé agir avec l'accord de l'autre, quand il fait seul un acte usuel de l'autorité parentale relativement à la personne de l'enfant* ».
En revanche, et *a contrario*, l'accord exprès des deux parents est requis pour tous les actes importants.
Ainsi qu'elle soit présumée (A) ou expressément exigée (B), la codécision doit donc toujours être assurée en cas de séparation parentale même si sa mise en œuvre se révèle parfois délicate, faute d'une frontière claire entre les actes usuels et les actes importants.

A. UNE DÉCISION COMMUNE PRÉSUMÉE POUR LES ACTES USUELS

5- Conformément à l'article 372-2 du Code civil précité, chaque parent peut effectuer seul un acte usuel concernant l'enfant sans avoir besoin d'obtenir le consentement de l'autre. « *Il est alors réputé agir avec l'accord de l'autre* ».
Le recours à une présomption légale est légitime pour faciliter l'exercice conjoint de l'autorité parentale au quotidien et tout particulièrement en cas de séparation. Elle présente alors un double intérêt évident : elle vaut dispense de preuve de l'accord des deux parents et décharge le tiers de bonne foi de toute responsabilité. Il n'en demeure pas moins que le domaine d'application et la force d'une telle présomption d'accord nécessitent quelques précisions.

1) Le domaine d'application de la présomption

6- Le Code civil n'a pas défini la notion d'acte usuel couvert par la présomption. Or que faut-il entendre ? La plupart de la doctrine s'accorde à considérer qu'il s'agit en réalité d'une notion-cadre, qui recouvre tous les actes de la vie quotidienne ne présentant pas de gravité particulière[101]. Le recours aux notions cadres est classique en droit de la famille mais force est de reconnaître que de telles notions restent difficiles à appréhender en pratique et principalement par les principaux intéressés : les parents eux-mêmes. C'est donc l'étude de la jurisprudence qui permet aujourd'hui de dresser une liste non exhaustive d'actes usuels susceptibles d'être pris par un parent unilatéralement.

7- Sont ainsi visés sous cette appellation :
- Certaines démarches administratives telles que la demande de carte nationale d'identité, de passeport pour l'enfant ou d'autorisation de sortie du territoire[102]. Ainsi, il a été rappelé à de nombreuses reprises que la demande de titre d'identité pour un enfant peut être déposée par l'un des parents, sans qu'il soit nécessaire de demander l'accord de l'autre parent[103].
- Certaines décisions concernant la scolarité de l'enfant sont également couvertes par la présomption de l'article 372-2. Quelques principes de solutions sont d'ailleurs acquis en la matière, sous réserve le cas échéant d'une appréciation *in concreto*.

Chacun des parents peut ainsi obtenir, au titre des actes usuels, l'inscription dans un établissement public ou la radiation d'une école de leur enfant mineur « *sans qu'il soit besoin d'établir qu'il dispose de l'accord exprès de l'autre parent, dès lors qu'il justifie exercer, conjointement ou exclusivement l'autorité parentale sur cet enfant et qu'aucun élément ne permet à l'administration de mettre en doute l'accord réputé acquis de l'autre parent* »[104]. Cette initiative individuelle ne le dispense pas pour autant d'informer l'autre parent.

Constitue également un acte usuel, selon la jurisprudence, l'inscription à la cantine, à un voyage scolaire, à l'aide aux devoirs ou encore du soutien scolaire. Il en est de même pour les justifications des absences scolaires, ponctuelles et brèves de l'enfant, même présentées seulement oralement par la mère ou le père. Celles-ci n'ont pas à être portées à la connaissance de

[101] A. Gouttenoire, H. Fulchiron, Autorité parentale, Rép. Civ. Dalloz 2012, n° 123.
[102] Art. 371-6 C. civ.
[103] Pour la demande de passeport, cf. CE 4 déc. 2002, LPA 25 août 2003, n° 169, p. 10, note J. Massip. Toutefois, la possibilité d'opposition de l'autre parent auprès de la Préfecture et la saisine du jaf sont prévues (art. 373-2-6, al. 3 C. civ.). Le magistrat « peut notamment ordonner l'interdiction de sortie de l'enfant du territoire français sans l'autorisation des deux parents. Cette interdiction de sortie du territoire sans l'autorisation des deux parents est inscrite au fichier des personnes recherchées par le procureur de la République ».
[104] Dans ce sens, v. CE 13 avril 2018, req. n° 392949.

l'autre parent par l'administration à la différence des documents relatifs à la scolarité de l'enfant tels que les bulletins[105].

- De la même manière, le choix de la pratique d'une activité sportive peut être considéré comme un acte usuel dès lors qu'il s'agit d'une activité non dangereuse. Ainsi la pratique de la chasse, par exemple, ne peut être considérée par principe comme une activité plus dangereuse que d'autres sports et ne doit donc pas être subordonnée à l'accord de l'autre parent.
- Enfin sont également considérées comme des actes usuels certaines décisions concernant la santé du mineur. Sont ici visés les soins dits courants : la vaccination obligatoire, les soins dentaires courants, le traitement de maladies bénignes (maladies infantiles ordinaires) ou encore la poursuite du traitement d'une maladie récurrente, fût-elle grave[106].

Le législateur a donc fait le choix légitime d'édicter une présomption d'accord pour les actes usuels, c'est-à-dire des actes qui ne font pas rupture avec le passé et n'engagent pas l'avenir pour reprendre une expression souvent utilisée par la doctrine. Mais il a bien évidemment fait preuve de pragmatisme en conférant à celle-ci une force relative.

2)La force de la présomption

8- La présomption légale est en effet une présomption simple avec toutes les conséquences que cette nature emporte tant entre époux qu'à l'égard des tiers.

L'autre parent pourra toujours contester la validité de la décision prise sans son accord. Il lui appartiendra dans ce cas de saisir le JAF qui sanctionnera le cas échéant l'abus de pouvoir.

Le tiers intervenu dans l'acte, quant à lui, sera protégé de toute action s'il est de bonne foi. Le texte du Code civil est clairement rédigé. La présomption d'accord ne vaut qu'à l'égard d'un tiers de bonne foi, c'est-à-dire ignorant l'éventuel désaccord parental. Il incombera donc au parent qui conteste l'acte de démontrer sa mauvaise foi et d'engager sa responsabilité civile.

La présomption d'accord n'exclut donc pas toute difficulté de mise en œuvre et tout recours éventuel. En tout état de cause, elle ne peut en aucun cas jouer pour couvrir les actes importants concernant l'enfant. La codécision est ici exigée expressément.

---

[105] TA Melun, 18 déc. 2007, n° 0302012.

[106] Cf. dans ce sens, A. Gouttenoire Les décisions des parents séparés relatives à l'enfant, AJ Famille 2010 p. 12 et s.

B. UNE DÉCISION COMMUNE EXIGÉE POUR LES ACTES IMPORTANTS

9- Lorsqu'il s'agit de prendre une décision importante pour l'enfant, l'accord des deux parents séparés n'est plus présumé, il est exigé de façon expresse. Si l'analyse de la jurisprudence permet certes d'appréhender le champ d'application dc cettc exigence stricte de codécision, il faut admettre que d'autres pistes pourraient être explorées pour simplifier sa mise en œuvre.

1) Le champ d'application de l'exigence d'une codécision expresse

10- La scolarité, la santé, l'instruction religieuse ou encore les droits de la personnalité de l'enfant sont autant de domaines dans lesquels la codécision est parfois exigée expressément.
- En matière scolaire, tout d'abord. Certains actes concernant l'éducation ou l'instruction de l'enfant supposent en effet l'accord obligatoire des deux parents. Il en va ainsi des décisions relatives à sa scolarité et à son orientation au sens large : inscription dans un établissement confessionnel [107]ou spécialisé dans l'accueil d'enfants précoces[108], redoublement, saut de classe, décision d'orientation[109], encore du choix d'une option ou d'une langue vivante. En d'autres termes, toute décision qui a une incidence ou engage sur l'avenir de l'enfant doit être prise par les deux parents.
- Il est en de même en matière médicale. Par principe, toute hospitalisation ou intervention chirurgicale suppose la décision commune des parents puisqu'il s'agit d'un acte portant atteinte à l'intégrité physique de l'enfant. Le cas de la circoncision reste toutefois un cas très particulier oscillant entre acte usuel, s'il est nécessaire médicalement, et important s'il présente un caractère rituel[110]. En outre, la décision de soumettre l'enfant à un traitement lourd ou au contraire, d'arrêter les soins est nécessairement un acte important. Il a par exemple été jugé qu'une psychothérapie de longue durée

[107] Douai 28 août 2014, AJ famille, oct. 2014, 556, note Bazin.
[108] Lyon 26 octobre 2009, n° 09/02408, JurisData n° 2009-017915.
[109] Versailles 18 septembre 2007, n° 06/06297. La solution est la même pour une proposition d'aide personnalisée, une instruction à domicile, ou encore un bilan avec le psychologue scolaire, une rencontre parent-professeur ou la signature d'un contrat d'apprentissage.
[110] Civ. 1re, 6 janv. 1994, n° 92-10838, D. 1995. 226, note Choain : le père de nationalité étrangère ne peut soutenir que la mère française catholique pratiquante avait donné son consentement tacite à la circoncision en acceptant de vivre avec un musulman dont elle ne pouvait ignorer les traditions. Il fallait donc que le père obtienne le consentement exprès de la mère.

constituait un acte important soumis à l'accord parental[111]. La soumission ou l'arrêt d'un traitement d'orthodontie appellerait la même solution.
- L'instruction religieuse relève également de la codécision. Le choix de la religion de l'enfant appartient aux deux parents. La mise en œuvre de la coparentalité demeure toutefois dans ce domaine très délicat nécessitant parfois le recours au juge[112]. Ainsi il a été décidé par la cour d'appel de Lyon, dans un arrêt en date du 14 octobre 2014 que la décision de faire baptiser son enfant relève des actes non usuels de l'autorité parentale[113]. La solution serait bien évidemment identique lorsqu'il s'agit d'emmener l'enfant à des réunions religieuses ne relevant pas d'une pratique antérieure à la séparation.
- Enfin, il est admis que les décisions relatives aux droits de la personnalité de l'enfant doivent être prises par les deux parents. Il en va ainsi de l'adjonction par la mère, à titre d'usage, de son nom à celui du père[114]. De même, le passage d'une enfant à la télévision dans le cadre d'un documentaire[115] ou encore la publication d'une photographie, notamment sur le réseau social Facebook ainsi que de commentaires sur l'enfant, constitue sans aucun doute un acte important nécessitant l'accord des deux parents. Cette exigence de codécision parentale vient d'ailleurs d'être consacrée en cas d'inscription de l'enfant mineur sur les réseaux sociaux. En effet, pour assurer la protection des données personnelles de l'intéressé, le législateur a

---

[111] Lyon 28 févr. 2011, n° 10/03604. V. pour la décision de prise d'antidépresseur. CE 7 mai 2014, req. n° 359076, inédit. Les faits sont les suivants. Une psychiatre reçoit une première fois une jeune fille de 16 ans accompagnée de son père, divorcé de sa mère et exerçant conjointement l'autorité parentale avec celle-ci. Le médecin diagnostique une dépression modérée à sévère en présence du père. Deux jours plus tard, suite à une aggravation de l'état de la jeune fille, la psychiatre la reçoit une seconde fois accompagnée cette fois de sa mère et lui prescrit un célèbre antidépresseur sans avoir cherché à recueillir préalablement le consentement du père. La Chambre disciplinaire nationale de l'Ordre des Médecins a jugé que le médecin n'avait commis aucun manquement déontologique en ne prévenant pas le père, considérant que la jeune fille se trouvait dans une situation d'urgence justifiant la prescription de l'antidépresseur. Le Conseil d'État annule cette décision jugeant qu'un tel acte médical ne peut constituer un acte usuel et donc que le médecin doit s'efforcer de prévenir les deux parents et de recueillir leur consentement, sauf situation d'urgence dont la haute juridiction considère qu'elle n'a pas été caractérisée par la Chambre disciplinaire.

[112] Cf. sur cette question, C. Courtin, « La religion de l'enfant en cas de séparation des parents », AJ famille janv. 2010, p. 29 et s.

[113] Lyon 14 oct. 2014, Dr. Fam. 2015, p. 61 comm. C. Neirinck.

[114] Civ. 1re, 3 mars 2009, n° 05-17163.

[115] Versailles 11 sept. 2003, AJ famille 2003, 383. En l'espèce, il s'agissait d'un documentaire sur les pères du dimanche. Il a été décidé que le passage à la télévision n'est pas un acte usuel nécessitant l'accord d'un seul parent.

fait le choix de fixer une majorité numérique. Il est désormais prévu que « *Lorsque le mineur est âgé de moins de quinze ans, le traitement des données personnelles sur les réseaux sociaux n'est licite que si le consentement est donné conjointement par le mineur concerné et le ou les titulaires de l'autorité parentale à l'égard de ce mineur* ». Au-delà de ce seuil, le mineur peut seul consentir au traitement de ses données personnelles par certains services en ligne[116].

En définitive, quel que soit son domaine, la mise en œuvre de la codécision (expresse ou présumée) s'avère parfois délicate en cas de séparation parentale, faute d'une distinction claire entre acte usuel et acte important. Aussi est-il possible d'explorer d'autres pistes.

2) Les pistes de réflexion

11- Deux propositions ont été faites en pratique pour faciliter la mise en œuvre de la codécision, spécialement en cas de séparation parentale. Si la première vise à définir légalement la notion d'acte important, la seconde est au contraire axée vers l'anticipation et la contractualisation.

12- A la suite du rapport Léonetti[117], une proposition de loi relative à l'autorité parentale et à l'intérêt de l'enfant a été adoptée le 27 juin 2014 par l'Assemblée nationale contenant un certain nombre d'innovations en la matière. Outre une consécration du principe de la codécision[118], le texte visait à préciser la notion d'acte important exigeant l'accord exprès des deux parents. Il était ainsi proposé de rédiger l'article 372-1 du Code civil de la façon suivante « *Tout acte de l'autorité parentale, qu'il ait un caractère usuel ou important, requiert l'accord de chacun des parents lorsqu'ils*

---

[116] Texte n° 113, projet de loi relatif à la protection des données personnelles adopté en lecture définitive par l'Assemblée nationale le 14 mai pris en conformité avec le RGPD (règlement européen pour la protection des données entré en vigueur le 25 mai). La section 1 du chapitre II de la loi n° 78-17 du 6 janvier 1978 est complétée par un article 7-1 ainsi rédigé : « Art. 7-1. – En application du 1 de l'article 8 du règlement (UE) 2016/679 du Parlement européen et du Conseil du 27 avril 2016 précité, un mineur peut consentir seul à un traitement de données à caractère personnel en ce qui concerne l'offre directe de services de la société de l'information à compter de l'âge de quinze ans. » « Lorsque le mineur est âgé de moins de quinze ans, le traitement n'est licite que si le consentement est donné conjointement par le mineur concerné et le ou les titulaires de l'autorité parentale à l'égard de ce mineur ».

[117] J. Léonetti, *Intérêt de l'enfant, autorité parentale et droits des tiers*, Rapport remis en octobre 2009.

[118] L'article 372 alinéa 1er du Code civil serait complété par la phrase suivante : « *Ils (les parents) s'informent réciproquement de l'organisation de la vie de l'enfant et prennent ensemble les décisions qui le concernent* ».

exercent en commun l'autorité parentale. Cet accord n'est pas présumé pour les actes importants.
Constitue un acte important l'acte qui rompt avec le passé et engage l'avenir de l'enfant ou qui touche à ses droits fondamentaux. En cas de désaccord, le parent le plus diligent saisit le juge aux affaires familiales, en référé le cas échéant. Le juge statue selon ce qu'exige l'intérêt de l'enfant et en prenant en considération les éléments mentionnés à l'article 373-2-11. »
Certes ces propositions n'étaient pas réellement novatrices puisqu'en effet, la proposition de loi se contentait de rétablir les anciens articles 372-1 et 372-1-1 abrogés auparavant par la loi du 4 mars 2002. Pour autant, la volonté de faciliter la mise en œuvre de la codécision devait être approuvée. Non seulement le texte consacrait dans le Code civil la définition jurisprudentielle de la notion d'acte important mais aussi et surtout il prenait le parti de retenir cette qualification pour certains actes précis tels que le changement de résidence, le changement d'établissement scolaire ou encore l'inscription dans un établissement scolaire[119]. Dans ce dernier cas,

---

[119] L'article 372-1-1 prévoyait ainsi que « Le changement de résidence de l'un des parents, dès lors qu'il modifie les modalités de résidence de l'enfant ou le droit de visite de l'autre parent, et le changement d'établissement scolaire sont des actes importants.
Le juge peut dispenser le changement de résidence ou d'établissement scolaire de l'enfant de l'accord de l'autre parent, si ce changement est motivé par les violences exercées par ce dernier. Le juge répartit les frais de déplacement et ajuste en conséquence le montant de la contribution à l'entretien et à l'éducation de l'enfant.
Une disposition devait également être prévue dans le code de l'éducation pour la question du choix de l'établissement scolaire (art. 7 bis de la proposition). L'article L. 131-13 du code serait ainsi rédigé : « *L'inscription d'un enfant soumis à l'obligation scolaire dans un établissement d'enseignement public ou privé ou la déclaration faite au maire de la commune de résidence qu'il lui est donné l'instruction dans la famille doit être effectuée d'un commun accord par chacun des parents exerçant l'autorité parentale.*
Le premier alinéa s'applique en cas de changement de résidence ou de choix d'instruction.
À défaut d'accord entre les deux parents intervenu avant la rentrée scolaire ou dans les huit jours qui suivent tout changement de résidence, l'enfant est scolarisé dans l'établissement d'enseignement public dont dépend le domicile où il réside majoritairement ou, lorsque sa résidence est partagée à égalité entre les domiciles de chacun de ses parents, dans l'établissement d'enseignement public le plus facilement accessible à partir des deux domiciles.
Sauf en cas d'accord de chacun des deux parents, les modalités de scolarisation résultant de l'application des trois premiers alinéas ne peuvent être modifiées, en cours d'année scolaire, que par décision du juge aux affaires familiales.
Le présent article est applicable aux enfants scolarisés dans les classes enfantines ou les écoles maternelles ainsi qu'à ceux qui poursuivent leurs études à l'issue de la scolarité obligatoire. »

notamment, les règles proposées avaient ainsi le mérite de la clarté. L'accord parental serait exigé pour l'inscription de l'enfant dans un établissement scolaire, quel qu'il soit ; le désaccord emportant alors une conséquence grave puisque l'enfant serait scolarisé dans un établissement public et pas n'importe lequel : celui dont dépend le domicile où il réside majoritairement ou encore, lorsque la résidence est partagée à égalité entre les domiciles de chacun de ses parents, dans l'établissement d'enseignement public le plus facilement accessible à partir des deux domiciles.
En définitive, autant de tentatives louables de garantir la codécision parentale. Le texte n'a toutefois jamais poursuivi son chemin parlementaire.

13- Une autre piste est aujourd'hui invoquée par le Conseil Economique Social et Environnemental dans son avis rendu le 24 octobre 2017 sur les conséquences des séparations parentales sur les enfants[120] : le recours au plan de coparentalité. Prenant exemple sur le plan parental, invention anglo-saxonne[121], le Conseil veut en effet favoriser, par la contractualisation, l'anticipation des difficultés inhérentes à la coparentalité et à la codécision en cas de séparation. Il préconise ainsi qu'en cas de séparation, et quel qu'ait été le statut de l'union des parents, soit élaboré un « plan de coparentalité » sur la base d'une trame. Cette trame devrait être disponible dans les mairies et tribunaux, mais elle pourrait aussi être diffusée via les CAF et mise à disposition des parents dans les lieux de socialisation (lieux d'accueil parents-enfants, structures d'accueil de la petite enfance, CIDFF...). Elle pourrait être construite par des professionnels, en particulier des JAF et des médiateurs familiaux, sur la base de leur expérience et de leur connaissance des difficultés le plus souvent rencontrées par les parents séparés dans l'exercice concret de la coparentalité. Il ne s'agirait pas d'imposer un modèle de coparentalité, mais selon le CESE, « *de donner aux parents les moyens d'éviter le plus possible les différends futurs qui peuvent se répercuter négativement voire dangereusement sur l'enfant* ». Ces derniers pourraient s'organiser sur la façon dont les décisions devront être prises sur des questions importantes, comme celles des soins de santé ou de l'éducation. Sans remettre en cause la distinction classique entre acte usuel et acte important, le recours au plan de coparentalité permettrait aux parents, qui le souhaitent, d'aller plus loin en définissant plus précisément les responsabilités de chacun.
Pour aider à l'élaboration du plan de coparentalité, l'intervention d'un tiers serait bien évidemment privilégiée. Si celle de l'avocat est préconisée dans

---

120 Avis du CESE sur les conséquences des séparations parentales sur les enfants, Mmes Pascale Coton et Geneviève Roy, rapporteurs.
121 Cf sur ce point, V. Chauveau, « Le plan parental, un outil de coparentalité », AJ famille mai 2013, p. 269-271.

le cadre d'un divorce, la question suscite plus de discussion dans le cas d'une séparation d'un couple non marié. En revanche, la nécessité ou non de systématiser l'intervention d'un médiateur familial ne fait pas consensus au sein du CESE[122].

En tout état de cause, un tel « plan de coparentalité » devrait prévoir les modalités de sa révision et les conséquences d'éventuelle inexécution de ses dispositions. Ce document, par son caractère contractuel, engagera la responsabilité des parents qui pourront le produire devant la justice pour en demander l'application.

En définitive, force est d'admettre que la pratique n'est pas dépourvue de moyens tant légaux que contractuels pour assurer le maintien de la codécision en cas de séparation. Il faut sans doute les exploiter et les développer. Mais quelles que soient la voie choisie, et les bonnes volontés, il ne faut pas se voiler la face. La codécision se trouve parfois malmenée en raison d'une mésentente entre les parents.

II. Une codécision parentale malmenée

14- L'honnêteté intellectuelle impose de considérer que l'exigence de codécision résiste mal face à la mésentente parentale. Dans un contexte de séparation, plus ou moins conflictuelle, il peut ainsi arriver que les parents ne parviennent pas à s'entendre sur une décision importante à prendre pour l'enfant (scolarité, santé...) ou encore tout simplement que l'un d'eux agisse seul. Dans un cas comme dans l'autre, la codécision est belle et bien compromise. Le recours au juge est alors la seule solution pour statuer dans l'intérêt de l'enfant, qu'il s'agisse pour celui-ci :

- d'évincer si besoin la codécision, pour suppléer l'absence d'accord parental (A) ;
- de sanctionner le non respect de la codécision par un parent (B).

A. UNE CODÉCISION ÉVINCÉE PAR LE JUGE EN CAS DE DÉSACCORD PARENTAL

15- Le système de coparentalité et de codécision mis en place par le législateur comporte inévitablement un risque de blocage et de paralysie en cas de mésentente parentale et ce au préjudice évident de l'intérêt supérieur l'enfant.

Aussi le recours au juge est-il dans ce cas salvateur pour sortir de l'impasse. Sa compétence n'appelle d'ailleurs pas en la matière de discussion. Elle peut

[122] Si certains la jugent nécessaire, d'autres mettent en avant la difficulté d'imposer l'intervention d'un médiateur.

se fonder sur deux textes : l'article 373-2-6 du Code civil aux termes duquel le juge « *règle les questions qui lui sont soumises (relatives à l'autorité parentale) en veillant spécialement à la sauvegarde des intérêts des enfants mineurs* »[123] et l'article 373-2-8 prévoyant que le juge peut être saisi « *pour statuer sur les modalités d'exercice de l'autorité parentale* ».

16- Il appartient donc au magistrat, en l'absence d'accord des parents, de décider quelle est la décision conforme à l'intérêt de l'enfant et le cas échéant d'écarter la codécision. La jurisprudence offre plusieurs illustrations concrètes de ce dispositif de suppléance judiciaire, souvent mis en œuvre à l'occasion de contentieux sur la contribution, la fixation de la résidence ou de droit de visite. Trois exemples peuvent être cités[124].

- Il a ainsi été décidé, dans un arrêt de la cour d'appel de Douai du 28 août 2014, en présence d'un désaccord parental sur le choix de l'établissement scolaire de l'enfant, confessionnel ou laïque, que « l'intérêt de l'enfant est d'être scolarisé dans des conditions ne faisant pas primer les convictions religieuses de l'un des parents sur celles de l'autre (...), l'école publique et laïque offre à cet égard les gages de la neutralité religieuse. »[125] Dans ce type de situation, il est intéressant de constater que pour statuer, les juges optent en réalité le plus souvent pour la solution du *statu quo ante*. À défaut de consensus, les parents doivent conserver le choix initial sur lequel ils s'étaient accordés expressément ou tacitement pendant la vie commune d'une religion ou d'une absence de religion.
- De la même façon, dans une espèce opposant des parents séparés sur la décision de baptiser leurs enfants (âgés de 6 et 7 ans), la Cour de cassation a-t-elle approuvé le refus opposé à la demande de baptême formulée par le

---

[123] Comp. toutefois avec l'article 372-1-1 al. 2 abrogé par la loi du 4 mars 2002. Le texte permettait en effet au JAF de trancher un litige entre les parents relatif à une décision à prendre concernant l'enfant. Pour une application, v. Civ. 1re, 11 juin 1991, n° 89-20878 à propos du baptême de l'enfant.

[124] Pour d'autres illustrations, cf. M. B. Maizy, « Vie de l'enfant après la séparation des parents, illustrations concrètes par un JAF », AJ Fam. Janv. 2010, p. 15-17.

[125] Douai 28 août 2014, AJ famille oct. 2014, 556, note Bazin. En l'espèce, deux parents divorcés et exerçant conjointement l'autorité parentale s'affrontaient sur le choix de l'établissement scolaire de l'enfant. Le juge aux affaires familiales fait droit à la demande de la mère, ayant la résidence habituelle de l'enfant, visant à l'autoriser à inscrire seule l'enfant mineur dans une école privée catholique.
Le père interjette appel et demande à ce qu'il soit autorisé à inscrire son enfant dans une école publique. De confession juive, ce dernier met en avant le fait que les parents ont choisi d'élever leur enfant hors toute religion tant qu'il n'aura pas acquis le discernement. Ce à quoi la mère répond que l'inscription dans cette école catholique avait été prévue pendant le mariage et qu'en outre, le père ne s'y est pas opposé.

père considérant, à l'instar des juges du fond, qu'une telle demande ne répondait pas à l'intérêt supérieur de l'enfant[126].
- Enfin, un dernier exemple pourrait être cité concernant l'inscription d'un enfant handicapé dans un établissement spécialisé[127]. Le père s'opposait à une telle inscription souhaitée par la mère et préconisée par le corps médical. Saisie du différend familial, la cour d'appel de Versailles a autorisé la mère de l'enfant à effectuer seule toutes les démarches utiles pour l'inscrire dans un institut spécialisé.

17- Il apparaît donc clairement que l'intérêt supérieur de l'enfant doit commander la décision du JAF. Sa sauvegarde justifie la saisine du magistrat. Ce dernier peut d'ailleurs avant de se prononcer avoir recours à l'audition de l'enfant conformément à l'article 388-1 du Code civil. Recueillir l'avis de l'enfant sur des décisions le concernant comme la pratique d'une religion peut être très instructif comme l'a démontré l'arrêt de la Cour de cassation précité où les enfants refusaient fermement d'être baptisés. De la même manière avant d'évincer de façon définitive la codécision, le juge peut également recourir à une médiation[128] (art. 373-2-10).
Cumuler les deux n'est d'ailleurs pas interdit comme le prouve l'espèce dont a eu à connaître la cour d'appel de Lyon le 20 juin 2017. Engagée dans une procédure de divorce, la mère envisageait de changer d'école les deux enfants issus du couple, âgés respectivement de 13 et 11 ans, contre l'avis du père. Ces derniers avaient demandé à être auditionnés. Ils avaient alors à cette occasion manifesté le désir de ne pas être scolarisés dans un autre établissement et surtout le souhait de rester ensemble. À la suite de cette audition, le juge a enjoint les parents de rencontrer un médiateur familial pour dépasser le conflit et rétablir entre eux un dialogue constructif.
Cet exemple est sans nul doute révélateur de la volonté légale et judiciaire. Évincer la codécision doit apparaître comme une solution ultime si elle se révèle la seule à même de garantir l'intérêt de l'enfant en cas de désaccord. La situation est en revanche très différente lorsque la codécision a été bafouée par un parent qui a agi seul. Dans ce cas, son non-respect appelle incontestablement des sanctions.

---

[126] Civ. 1re, 23 sept. 2015, n° 14-23724. En l'espèce, il faut préciser que la décision des juges du fond, de refuser le baptême, s'efforçait de s'appuyer sur des éléments objectifs : à savoir le refus des enfants d'être baptisés, le comportement violent et menaçant du père et enfin l'absence d'une demande guidée par l'intérêt de l'enfant.
[127] Versailles, 29 janv. 2015, n° 14-07170.
[128] Art. 373-2-10 C. civ.

B. UNE CODÉCISION SANCTIONNÉE PAR LE JUGE EN CAS DE NON-RESPECT PARENTAL

18- La violation de la codécision par un parent n'est pas sans conséquences tant à l'égard du parent irrespectueux lui-même qu'à l'égard du tiers, le cas échéant.

1) À l'égard du parent

19- Il est admis que le père ou la mère qui a agi sans le consentement de l'autre engage sa responsabilité civile délictuelle sur le fondement de l'article 1240 du Code civil. Il en résulte en effet pour l'autre parent un préjudice personnel dont il peut demander réparation. La solution est classique. Elle a notamment été retenue dans le cas où un père avait profité de son droit de visite pour faire procéder à la circoncision de son fils[129] ou encore en cas de publication de l'image d'un mineur dans la presse au mépris de l'opposition expresse de la mère[130]. La sanction ne peut être que l'octroi de dommages et intérêts ; la remise en cause de l'acte accompli étant le plus souvent difficile à obtenir. Il est effectivement impossible de débaptiser un enfant[131] ou de revenir sur une intervention chirurgicale…

En outre, il n'est pas exclu qu'un tel mépris de la codécision peut emporter des conséquences sur les modalités d'exercice de l'autorité parentale. Rien n'interdit au juge, conformément à l'article 373-2-11, 3 du Code civil[132], de tirer les conséquences d'une telle violation pour ordonner le transfert la résidence de l'enfant, supprimer ou réduire un droit de visite et d'hébergement voire dans les cas les plus graves ou en cas de récidive de remettre en cause l'exercice en commun de l'autorité parentale à condition bien évidemment qu'une telle mesure soit conforme à l'intérêt de l'enfant.

Une autre sanction avait également été envisagée. Rappelons en effet que la proposition de loi relative à l'autorité parentale et à l'intérêt de l'enfant du

---

[129] V. dans ce sens, Civ. 1re, 26 janv. 1994, précité ; Paris 29 sept. 2000, D. 2001. 1585.

[130] Civ. 1re, 27 févr. 2007, n° 06-14273. Le titulaire de l'autorité parentale dont est méconnue l'opposition à la publication de l'image du mineur en éprouve, du fait de l'atteinte à ses prérogatives, un préjudice personnel, certain et direct.

[131] V. Lyon 14 oct. 2014, Dr. Fam. 2015, comm. 7, C. Neirinck. En l'espèce, le père avait saisi le JAF d'une telle demande. Les juges du fond ont considéré que le baptême est un sacrement, un acte religieux qui n'a aucun effet civil et qu'il ne relève pas de la compétence du juge civil.

[132] Art. 373-2-11, 3° du Code civil : « Lorsqu'il se prononce sur les modalités d'exercice de l'autorité parentale, le juge prend notamment en considération :
… 3° L'aptitude de chacun des parents à assumer ses devoirs et respecter les droits de l'autre ; … ».

27 juin 2014 déjà citée n'avait pas hésité à innover en conférant au juge un nouveau pouvoir coercitif à exercer à l'encontre des parents récalcitrants. Il était en effet prévu que le juge puisse « *lorsqu'un parent fait délibérément obstacle de façon grave ou renouvelée aux règles de l'exercice conjoint de l'autorité parentale prévues à l'article 372-1 ou lorsqu'un parent ne respecte pas une décision ou une convention homologuée fixant les modalités d'exercice de l'autorité parentale,* ***le condamner, par une décision spécialement motivée, au paiement d'une amende civile*** *d'un montant qui ne peut excéder 10 000 €. L'amende est proportionnée à la gravité de l'atteinte aux règles de l'exercice conjoint de l'autorité parentale et aux facultés contributives du parent.* »[133] Une telle sanction prononcée par le juge civil était alors tout à fait envisageable lorsque l'un des parents ne respectait pas la coparentalité et la codécision. Une telle disposition avait toutefois suscité la discussion car il était légitime de s'interroger sur l'opportunité de cette amende civile qui semblait aller à contre-courant de la pacification recherchée en droit de la famille.

En tout état de cause, lorsqu'un des parents a méprisé la codécision, il n'est pas le seul à encourir des sanctions. Il en va également du tiers qui a participé à la violation des droits de l'autre parent.

2) À l'égard des tiers

20- Les exemples jurisprudentiels ne sont certes pas nombreux mais ils suffisent à démontrer que le tiers qui est intervenu dans la décision concernant l'enfant peut également mettre en jeu sa responsabilité. Il en va ainsi du médecin qui a pratiqué une circoncision religieuse sans s'assurer de l'accord parental[134] ou encore de la société de télévision qui a diffusé un documentaire mettant en scène une enfant malgré le désaccord de la mère[135]. La même sanction pourrait être encourue par le ministre du Culte qui a baptisé un enfant sans vérifier le consentement des deux parents. En sanctionnant ainsi les tiers, la jurisprudence les appelle à la prudence pour favoriser l'effectivité de la codécision.

---

[133] Article 5 de la proposition modifiant l'article 373-2-6 du Code civil. Rien n'était toutefois précisé sur la liquidation de cette astreinte. L'avant-projet de loi relatif à l'autorité parentale et aux droits des tiers qui avait déjà admis cette possibilité proposait de prévoir que cette astreinte soit liquidée par le jaf pour éviter aux avocats d'avoir à saisir le juge de l'exécution.

[134] Civ. 1re, 26 janv. 1994 ; Paris 29 sept. 2009, précités.

[135] Versailles 11 sept. 2009 précité.

CONCLUSION

21- Assurer la pérennité de la codécision en cas de séparation des parents est sans aucun doute une aspiration légitime du législateur. Garante de l'égalité parentale, elle doit toutefois dépasser la mésentente et ce dans l'intérêt supérieur de l'enfant même s'il faut avouer que cette affirmation reste très théorique tant les enjeux humains et affectifs sont ici importants.
Aussi pour conclure, je terminerai mes propos par la formulation d'un souhait que j'ai déjà eu l'occasion de formuler dans d'autres lieux mais qui reste malheureusement d'actualité : celui que la disparation du couple conjugal ne soit jamais synonyme de disparition du couple parental. Parent un jour parent toujours…

LA PLACE DU PARENT SOCIAL DANS LE CADRE DES FAMILLES RECOMPOSÉES

Géraldine ASSADOURIAN et Leslie PEROT LERDA

La définition courante de la notion de « parent », dans l'ensemble des dictionnaires, y compris juridiques, est la suivante : *« Le parent est toute personne à qui l'on est* lié par le sang, *par la naissance ».* Ainsi, et au sens littéral du terme, la notion de parent suppose un lien biologique.

Pourtant, les changements familiaux des dernières décennies, dans nos sociétés occidentales, ont eu pour conséquences d'introduire une nouvelle notion de « parent ».

Désormais, une femme a la possibilité de choisir le nombre de ses enfants, et même le moment de leur naissance. Elle peut devenir parent dans le cadre d'un mariage, ou hors union maritale (étant rappelé que la distinction de filiation entre légitime et naturelle est abandonnée depuis l'ordonnance n° 2005-759 du 4 juillet 2005). Un parent peut faire le choix d'élever son enfant seul ou avec son nouveau conjoint, concubin ou partenaire, couramment dénommé le beau-père ou la belle-mère de l'enfant.

Il est également désormais possible de devenir parent sans conjoint, ou de devenir parent tout en étant stérile ou homosexuel, et ce grâce à l'aide médicalisée à la procréation ou encore par recours à l'adoption.

Certaines de ces pratiques ont eu pour effet d'introduire un autre « *parent* » dans la relation triennale habituelle entre les parents biologiques et l'enfant, en l'occurrence le parent « social ». Il peut s'agir du beau-père ou de la belle-mère dans les familles recomposées, mais pas seulement ; il peut aussi s'agir de personnes présentes dès la naissance de l'enfant et qui ont participé pleinement au projet parental dont l'enfant est issu. C'est précisément le cas d'un couple de femmes homosexuelles dont l'une sera enceinte, après avoir eu recours à une aide médicalisée à la procréation (aide qui suppose toujours en France de s'être présenté avec un tiers, en l'occurrence un homme géniteur, comme couple hétérosexuel) ; la concubine est alors partie intégrante de ce projet de grossesse et d'enfant. Elle sera concrètement le co-parent ou le parent social susvisé. Elle élèvera l'enfant au quotidien mais sans la moindre reconnaissance juridique quelconque. L'enfant aura pour mère celle qui a accouché, et pour père, celui qui a donné son consentement à l'aide médicalisée à la procréation, conformément aux termes de l'article 311-20 du Code civil.

Ainsi, le parent social est celui qui exerce un rôle parental sans avoir, initialement, un quelconque lien biologique, ni juridique avec l'enfant. Il est un parent de fait, dont le rôle est incontestable dans la famille, alors même qu'il ne bénéficie d'aucune protection ni statut.

L'institutionnalisation du rôle des parents sociaux a pourtant fait couler beaucoup d'encre en doctrine, notamment suite à un avant-projet de loi courant 2009 relatif à l'autorité parentale et aux droits des tiers, projet qui ambitionnait de faciliter la vie des familles recomposées en permettant d'associer un tiers à l'exercice de l'autorité parentale.

Le texte a été décrié par peur d'une complexification des relations familiales et de la création d'un nouveau contentieux.

Il est en effet éminemment difficile de conférer un statut unique au parent social alors que son implication dans la vie de l'enfant varie d'une famille à l'autre, d'un parent à l'autre.

En fonction des situations, certains tiers vont remplacer le parent défaillant ou inexistant, alors que d'autres se contenteront de seconder le parent légal et/ou biologique dans la vie quotidienne. Ces différents degrés d'implication du parent social ne permettent donc pas d'envisager une protection juridique identique car selon les cas, cette protection s'avérerait inadaptée à la situation de fait.

Mais, faute de statut protecteur et parce que le parent social souhaite juridiquement exister, il va légitimement chercher à utiliser les outils en vigueur dans notre droit ; ses choix vont alors différer en fonction de son implication et de son rôle.

Aussi, il convient d'examiner les outils juridiques qui confèrent au parent social une réelle place de parent de substitution (I), avant d'étudier les mécanismes protecteurs du parent social dit additionnel (II).

I. La place du parent social-parent de substitution

Le parent social de substitution a un souhait, un objectif : accéder à un véritable statut de parent et à ce titre, exercer l'autorité parentale conjointement avec le parent juridique qui l'exerce déjà. Concrètement, ce parent social de substitution est donc une personne qui occupe une place quotidienne et majeure dans l'éducation de l'enfant, et ce du fait de la place laissée vacante par l'absence ou la carence de l'autre parent biologique. Ce parent social est à la recherche d'un véritable statut juridique protecteur qui lui conférerait une place de parent à part entière.

En droit français, un tel statut nécessite l'établissement d'un lien de filiation, lien qui repose soit sur la vérité biologique, soit sur une réalité affective et factuelle. Ainsi, le parent social peut parfaitement prendre sa place, aux côtés de l'enfant, en établissant ce lien de filiation, ce qui implique une reconnaissance de pure complaisance (A) ou le recours aux mécanismes de l'adoption (B).

A. LA RECONNAISSANCE DE COMPLAISANCE

En droit français, la mère d'un enfant est, encore et toujours, celle qui accouche de lui. Par contre, son père peut être soit l'auteur génétique, soit un autre homme. En effet, si la loi fonde la paternité sur le lien génétique qui existe entre un père et son enfant, elle ne le dit pas explicitement[136] puisqu'il est interdit de rapporter cette preuve de filiation génétique avant l'établissement même d'un lien de filiation et en dehors de toute action en justice relative à la filiation[137]. Ces règles laissent ainsi une réelle place à l'autonomie de la volonté, s'agissant de l'établissement de la filiation paternelle d'un enfant, par reconnaissance.

Ainsi, une déclaration mensongère produira pleinement ses effets et permettra au parent social de devenir le parent de substitution souhaité, qui exercera alors pleinement avec la mère l'autorité parentale sur l'enfant, du fait de cette simple reconnaissance volontaire et spontanée.

Le mécanisme a bien sûr ses limites.

- Il n'est envisageable que dans le cadre d'une relation hétérosexuelle ;
- Il est une possibilité exclusivement offerte au parent social masculin, donc à celui qui entend jouer le rôle de père, étant rappelé que la mère reste nécessairement celle qui accouche ;
- La reconnaissance mensongère peut être remise en cause, notamment par celui qui se prétend être le parent véritable, c'est-à-dire le parent biologique, ou encore par l'enfant lui-même.

Fort heureusement, et dans un souci de sécurité juridique, l'action judiciaire se prescrit par cinq ans, à compter du jour où la possession d'état a cessé ou à compter du décès du parent dont le lien de filiation est contesté[138]. De surcroît, et dans l'hypothèse d'une possession d'état conforme au titre et qui a duré cinq ans, l'action en contestation de paternité est définitivement fermée (sauf action diligentée par le Ministère Public si des indices tirés des actes eux-mêmes la rendent invraisemblable, ou en cas de fraude à la loi)[139].

---

[136] Art. 332 alinéa 2 C. civ.
[137] Art. 16-11 C. civ. et art. 226-25 C. pén.
[138] Art. 333 C. civ.
[139] Art. 333 al. 2 C. civ.

Pourtant, et malgré les restrictions susvisées, les hypothèses de contestation de paternité ne sont malheureusement pas des cas d'école alors même que les annulations de reconnaissance de complaisance, après examens génétiques, peuvent avoir des répercussions psychologiques sur l'enfant à plus ou moins long terme.
En effet, et en cas de succès de l'action en annulation de la reconnaissance de complaisance, les conséquences juridiques sont lourdes ; le lien de filiation est annulé de manière rétroactive et les actes de l'état civil concernés doivent être mis à jour lorsque la décision est devenue définitive. Les droits et obligations, qui pesaient sur le parent dont la filiation est annulée, disparaissent. L'annulation de la filiation entraîne de plein droit le changement de nom de l'enfant mineur. Reste que dans l'intérêt de l'enfant, et la disposition législative s'avère fort heureuse, le juge aux affaires familiales saisi pourra organiser les modalités des relations de l'enfant avec la personne qui l'élevait auparavant[140].

B. L'ADOPTION

L'adoption constitue un moyen juridique sérieux afin d'établir un lien de droit entre un adulte, et notamment le parent social, et un enfant. En droit français, l'adoption peut être simple ou plénière.

1) L'adoption plénière

D'une manière générale, l'adoption plénière permet de créer un vrai lien de filiation. Le rapport juridique établi se trouve en tous points semblable à celui qui résulte d'une filiation charnelle, étant rappelé que le lien originaire est alors détruit. L'adopté cesse d'appartenir à sa famille d'origine[141].
En matière de famille recomposée, ce type d'adoption plénière peut présenter un avantage concret, puisque l'article 345-1 du Code civil prévoit la possibilité d'adopter de manière plénière l'enfant du conjoint, tout en laissant subsister l'exercice conjoint de l'autorité parentale. L'adoptant (parent social) et son conjoint (parent biologique) seront donc co-titulaires de l'autorité parentale. L'article 356 alinéa 2 du Code civil précise également, et de manière parfaitement logique, que l'adoption de l'enfant du conjoint laisse alors subsister sa filiation d'origine à l'égard de ce conjoint et de sa famille.
Ainsi, à l'égard de l'adoptant, l'enfant est totalement assimilé à un enfant par le sang ; le parent social devient véritablement un parent de substitution.

[140] Art. 337 C. civ.
[141] Art. 356 C. civ.

Si la solution semble idéale, son recours n'est admis que de façon restrictive puisqu'il suppose :
- une union maritale entre le parent d'origine et l'adoptant ;
- un lien de filiation uniquement établi entre l'enfant et le conjoint de l'adoptant ou un retrait total de l'autorité parentale à l'encontre de l'autre parent que le conjoint de l'adoptant ou le décès de l'autre parent que le conjoint de l'adoptant sans laisser d'ascendants au 1er degré ou lorsque ceux-ci se sont manifestement désintéressés de l'enfant (art. 245-1 C. civ.).
Ainsi, et avant de faire droit à une quelconque demande d'adoption plénière, les juges du fond vérifient non seulement que les conditions légales de l'adoption plénière sont réunies, mais également qu'une telle mesure reste conforme à l'intérêt de l'enfant.

C'est pourquoi, et dans maintes situations, le mécanisme de l'adoption simple peut sembler, de prime abord, plus adapté au parent social qui entend manifester son affection et voir son implication juridiquement reconnue.

2) L'adoption simple

Tout d'abord, il convient de rappeler que le lien de filiation adoptif ne se substitue pas au lien de filiation originaire. Il le laisse subsister.
Aussi, le recours à l'adoption simple est plus aisé, d'autant que contrairement à l'adoption plénière, l'adoption simple a l'avantage d'être ouverte aux couples non mariés. Ainsi, et en principe, le concubin ou partenaire peut adopter simplement l'enfant mineur de celui avec qui il partage sa vie (art. 365 C. civ.). L'adopté va alors conserver tous ses liens avec sa famille d'origine tandis que parallèlement, une obligation alimentaire naît entre l'adoptant et l'adopté, et réciproquement. Le nom de l'adoptant va alors pouvoir s'ajouter au nom de l'adopté ou le remplacer et l'adopté pourra hériter de ses deux familles (famille d'origine et parents adoptifs).
Malgré tout, le mécanisme de l'adoption simple rencontre aussi une limite, pour le moins dissuasive : seul l'adoptant est investi de à l'égard de l'adopté de tous les droits d'autorité parentale. Ainsi, et concrètement, l'autorité parentale se trouve transférée au seul adoptant, à moins qu'il ne soit le conjoint du père et de la mère (art. 365 C. civ.). Dès lors, l'exercice conjoint de l'autorité parentale entre l'adoptant et le parent de l'adopté est subordonné à un préalable obligatoire : le mariage. À défaut d'union maritale, le parent dont la filiation était établie se voit totalement privé de l'exercice de l'autorité parentale, celle-ci se trouvant transférée au seul parent adoptif !
Incontestablement, un tel transfert ne sert pas l'intérêt de l'enfant, si le parent d'origine entend exercer son rôle auprès de lui.

Aussi, et avant l'ouverture du mariage aux couples homosexuels, des stratagèmes avaient été imaginés, notamment pour les couples homosexuels qui souhaitaient adopter l'enfant de l'autre, tout en exerçant conjointement l'autorité parentale alors même que la voie du mariage leur était fermée. C'est ainsi que des demandes d'adoption ont été présentées devant les tribunaux, couplées à des demandes subséquentes de délégation de l'autorité parentale afin que le parent délégataire puisse retrouver ses droits. Lesdites demandes ont été rejetées. La Cour de cassation a jugé que c'est à bon droit qu'une cour d'appel a refusé l'adoption simple par une femme de l'enfant de sa partenaire et la délégation subséquente de l'autorité parentale dès lors qu'il n'était ni établi, ni allégué que les circonstances exigeaient cette délégation et qu'en l'espèce, une telle délégation ou son partage était, à l'égard d'une adoption, antinomique et contradictoire, l'adoption ayant pour but de conférer l'autorité parentale au seul parent adoptant[142]. Il est évident que l'ouverture du mariage aux couples homosexuels a permis de mettre un terme à une inégalité notable puisque depuis le 17 mai 2013, les couples de même sexe peuvent donc avoir recours aux mécanismes de l'adoption et ainsi, exercer conjointement l'autorité parentale sur l'enfant adopté, dès lors qu'ils se sont au préalable mariés.

Ainsi, et pour résumer, le mécanisme de l'adoption (simple ou plénière) d'un enfant mineur reste un atout juridique intéressant pour une coparentalité, mais nous pouvons regretter qu'il soit une option intéressante que pour les couples mariés, et/ou dans des situations de carence ou d'inexistence de l'autre parent biologique.
C'est en effet uniquement sous ces réserves que le parent social peut alors prendre pleinement sa place de parent de substitution, et donc prendre « *le relais d'une filiation déficiente* » car il va de soi que lorsqu'un enfant a son lien de filiation établi à l'égard de ses père et mère, le recours à l'adoption est concrètement inenvisageable et n'aboutira pas puisque le parent tiers (à la relation triennale adoptant, conjoint de l'adoptant et adopté), n'entendra évidemment pas consentir à un mécanisme qui entraîne nécessairement, pour lui, la perte de l'exercice de l'autorité parentale. Les juges du fond veillent d'ailleurs à ce que cela ne se produise pas en recueillant son consentement à l'adoption (même si une exception est prévue à l'article 348-6 du Code civil s'agissant du parent qui s'est désintéressé au risque de compromettre la santé ou la moralité de l'enfant, la juridiction peut alors passer outre le refus de consentement à adoption).

---

[142] Civ. 1re, deux arrêts, 20 févr. 2007, n° 06-15647 et n° 04-15676.

Ainsi, la reconnaissance juridique de la place du tiers, et donc du parent social, qui participe à l'éducation de l'enfant est certes nécessaire, mais elle ne doit donc en aucun cas entraîner une confusion des genres. C'est toute la difficulté de la démarche.
L'intérêt de l'enfant doit évidemment primer et l'arrivée dans sa vie d'un tiers, partageant la vie d'un de ses parents, ne doit jamais risquer d'altérer ses relations avec l'autre parent, par une mise en concurrence de l'un et de l'autre.
Dans une telle hypothèse, le parent social devra savoir se contenter d'une place de parent additionnel.

II. Le parent social : un parent additionnel

Comme l'écrivait M. Le Doyen Carbonnier : « *Dans la constitution de la famille, l'élément charnel, biologique a perdu son importance au profit de l'élément psychologique, affectif (...). La famille n'est plus l'indivisible réseau tissé jure sanguinis, elle est un milieu éducatif qui n'existe qu'à condition d'être quotidiennement vécue* ».
Le beau-parent n'est ni un parent ni un ami, pourtant il remplit parfois un rôle de type parental (surveille les devoirs de l'enfant, le réprimande, participe à son éducation) parfois un rôle amical (complicité, confidence...). Le sociologue Didier LE GALL les nomme « *les parents en plus* », car ils assument de véritables responsabilités juridiques, éducatives, affectives et économiques. Les parents sociaux d'addition aspirent d'ailleurs à voir leur vie quotidienne facilitée en obtenant le pouvoir d'accomplir des actes usuels relatifs à l'éducation et à la surveillance de l'enfant. Même si *de facto* le beau-parent exerce une fonction parentale, le droit positif le considère toujours comme un TIERS. La création juridique d'une parenté sociale inquiète car concurrence les pouvoirs parentaux de l'autre parent qui ne vit pas avec l'enfant et surprend par son inutilité pour beaucoup car elle ne bénéficierait en réalité qu'aux couples homosexuels. Va-t-on, doit-on aller vers une évolution du droit ? Cette question, qui se pose depuis des décennies, reste en suspens. Dans le droit positif, il y a une absence de règles juridiques particulières régissant les relations entre l'enfant et son beau-parent, même si les lois du 4 mars 2002 et du 17 mai 2013, relatives au mariage entre deux personnes de même sexe, vont vers une discrète reconnaissance du parent social. Le lien de parenté, d'alliance est le premier critère de création de droits et d'obligations dans les relations familiales.

Aussi pendant la vie commune de la famille, le beau-parent ne bénéficie pas de l'autorité parentale du fait de l'absence de lien de filiation. L'indisponibilité des droits parentaux ne permet pas au parent d'accorder à son conjoint, concubin ou partenaire des pouvoirs en matière d'autorité sauf le cas de la délégation judiciaire (A). Lors de la rupture de la vie commune, le beau-parent peut demander à bénéficier d'un droit de visite et d'hébergement (B).

A. DÉLÉGATION DE L'AUTORITÉ PARENTALE

Régie par le Code civil, la délégation d'autorité parentale obéit à une procédure particulière et répond à différents critères garantis par la jurisprudence.

1) Les textes

La délégation de l'autorité parentale est régie par les articles 376-1, 377, 377-1 et 377-2 du Code civil. L'accent doit toutefois être mis sur l'article 377 qui prévoit plusieurs hypothèses.

- Première hypothèse : « *Les père et mère, ensemble ou séparément, peuvent, lorsque les circonstances l'exigent, saisir le juge en vue de voir déléguer tout ou partie de l'exercice de leur autorité parentale à un tiers, membre de la famille, proche digne de confiance, établissement agréé pour le recueil des enfants ou service départemental de l'aide sociale à l'enfance.* » Le beau-parent est alors, dans ce cas, considéré comme un tiers ou un proche digne de confiance.
- Seconde hypothèse : « *En cas de désintérêt manifeste ou si les parents sont dans l'impossibilité d'exercer tout ou partie de l'autorité parentale, le particulier, l'établissement ou le service départemental de l'aide sociale à l'enfance qui a recueilli l'enfant ou un membre de la famille peut également saisir le juge aux fins de se faire déléguer totalement ou partiellement l'exercice de l'autorité parentale.* » Le beau parent est ici considéré comme un simple particulier.

Le texte précise toutefois que « ***Dans ce dernier cas, le juge peut également être saisi par le ministère public, avec l'accord du tiers*** *candidat à la délégation totale ou partielle de l'exercice de l'autorité parentale, à l'effet de statuer sur ladite délégation. Le cas échéant, le ministère public est informé par transmission de la copie du dossier par le juge des enfants ou par avis de ce dernier.* » Le beau parent est alors dans cette hypothèse considéré comme un tiers.

« ***Dans tous les cas visés au présent article, les deux parents doivent être appelés à l'instance****. Lorsque l'enfant concerné fait l'objet d'une mesure d'assistance éducative, la délégation ne peut intervenir qu'après avis du juge des enfants* ».

2) *La procédure*

Selon les articles 1202 et suivants du Code de procédure civile, toute demande de délégation de l'autorité parentale relève de la compétence du Juge aux affaires familiales. Le Juge doit être saisi par requête avec dénonce au parquet. Le Ministère d'avocat n'est pas obligatoire. La requête peut également être présentée au ministère public, qui la transmettra au Juge aux affaires familiales. Comme dans toutes procédures le concernant, le mineur capable de discernement peut demander à être entendu avec l'assistance d'un avocat. Le requérant, les parents ou le tuteur du mineur, la personne ayant recueilli ce dernier et l'éventuel candidat à la délégation de l'autorité parentale sont ensuite convoqués, dans un délai minimum huit jours avant l'audience. Dans l'hypothèse où le Juge des enfants est déjà saisi, il donnera son avis sur le devenir de l'autorité parentale. L'affaire est ensuite instruite en chambre du conseil après avis du ministère public (art. 1208-2 CPC). Les décisions sont susceptibles d'appel et de pourvoi en cassation.

3) *Les critères*

La délégation d'autorité parentale résulte toujours d'un jugement rendu par le Juge aux Affaires Familiales et ne peut être accordée que dans l'intérêt de l'enfant. Il appartient aux parties de prouver que des circonstances exceptionnelles l'exigent.

En réalité, il y a peu de saisines du Juge aux Affaires Familiales, les parties ayant davantage recours à la délégation conventionnelle, voire à la délégation par mandat tacite et général.

La délégation peut être totale ou partielle et repose sur la volonté expresse des parents de l'enfant et du délégataire. Elle pourra toujours prendre fin par un nouveau jugement lorsque des circonstances nouvelles interviennent.

Le délégataire peut aussi bien être un tiers, un membre de la famille, qu'une personne digne de confiance.

L'autorité parentale peut être partagée par le parent délégant avec le délégataire depuis la loi n° 2002-305 du 4 mars 2002 relative à l'autorité parentale.

Toutefois, lorsque les deux parents de l'enfant sont titulaires de l'autorité parentale, leur accord est nécessaire et la requête en délégation doit être présentée au Juge de façon conjointe, ce qui suppose une bonne entente parentale en cas d'exercice en commun de l'autorité parentale car le parent absent du foyer consent à partager l'exercice de ses droits.

Cette option apparaît alors précaire en cas de conflits entre le parent et son conjoint délégataire à la suite de leur rupture.

4) La jurisprudence

La Cour de cassation se borne à vérifier que des circonstances exceptionnelles exigent une délégation de l'autorité parentale[143]. Ainsi dans un arrêt du 24 février 2006, la Cour rappelle que : « *L'article 377, alinéa 1er, du code civil ne s'oppose pas à ce qu'une mère seule titulaire de l'autorité parentale en délègue tout ou partie de l'exercice à la femme avec laquelle elle vit en union stable et continue, dès lors que les circonstances l'exigent et que la mesure est conforme à l'intérêt supérieur de l'enfant. Ayant relevé, d'une part, que deux femmes vivaient ensemble et avaient conclu un pacte civil de solidarité et que l'une d'elles était la mère de deux jeunes enfants dont la filiation paternelle n'avait pas été établie, d'autre part, que les enfants étaient décrits comme étant épanouis, équilibrés et heureux, bénéficiant de l'amour, du respect, de l'autorité et de la sérénité nécessaires à leur développement, que la relation unissant les deux femmes était stable depuis de nombreuses années et considérée comme harmonieuse et fondée sur un respect de leur rôle auprès des enfants* ***et que l'absence de filiation paternelle laissait craindre qu'en cas d'événement accidentel plaçant la mère, astreinte professionnellement à de longs trajets quotidiens, dans l'incapacité d'exprimer sa volonté, sa compagne ne se heurtât à une impossibilité juridique de tenir le rôle éducatif qu'elle avait toujours eu aux yeux des enfants, une cour d'appel a pu décider qu'il était de l'intérêt des enfants de déléguer partiellement l'exercice de l'autorité parentale dont la mère est seule titulaire à sa compagne et de le partager entre elles***. »[144].
Cette interprétation restrictive a d'ailleurs été confirmée par la Cour Européenne des Droits de l'Homme[145]. En revanche, nombre de juges du fond ne se sentent pas liés par cette interprétation restrictive et prononcent des délégations croisées au profit des membres de projets parentaux sans relever ni rechercher de circonstances particulières[146].

La loi n° 2016-297 du 14 mars 2016 sur la protection de l'enfant a entamé un processus de modification des procédures en matière d'autorité parentale. Le Code civil comporte désormais une procédure de déclaration judiciaire de délaissement parental prévue aux articles 381-1 et 381-2. Le Tribunal de Grande Instance est saisi par requête[147] ; le requérant, les parents ou le tuteur du mineur, la personne ayant recueilli ce dernier et l'éventuel candidat à la délégation de l'autorité parentale sont ensuite convoqués. L'affaire est instruite

---

[143] Civ. 1re, 8 juill. 2010, n° 09-12623.
[144] Civ. 1re, 24 févr. 2006, n° 04-17090.
[145] CEDH, 1er mars 2018, arrêt *Bonnaude et Lecoq c/ France*, n° 6190/11.
[146] TGI Nanterre 14 oct. 2010 n° 10/02107, TGI Paris 22 févr. 2013, n° 12/35092.
[147] Art. 1202 et 1203 CPC.

en chambre du conseil après avis du ministère public (art. 1208-2 CPC). Les juges se prononcent ensuite simultanément sur le délaissement et sur la délégation de l'autorité parentale (art. 1208-4 CPC). L'appel et le pourvoi en cassation des parties et du parquet sont là encore possibles. De même que si le juge des enfants est déjà saisi, il donnera son avis sur le devenir de l'autorité parentale.

B. DROIT DE VISITE ET D'HÉBERGEMENT

La loi du 4 mars 2002 allège les conditions dans lesquelles un tiers peut se voir reconnaître le droit de maintenir des liens avec l'enfant. Ainsi, les beaux-parents (simple tiers) peuvent bénéficier de ce recours légal afin de demander à bénéficier d'un droit de visite et d'hébergement.

1) Les textes

L'article 371-4 du Code civil prévoit que « *L'enfant a le droit d'entretenir des relations personnelles avec ses ascendants. Seul l'intérêt de l'enfant peut faire obstacle à l'exercice de ce droit.*
Si tel est l'intérêt de l'enfant, le juge aux affaires familiales fixe les modalités des relations entre l'enfant et un tiers, parent ou non, en particulier lorsque ce tiers a résidé de manière stable avec lui et l'un de ses parents, a pourvu à son éducation, à son entretien ou à son installation, et a noué avec lui des liens affectifs durables. »
Deux critères seront dès lors appréciés par le Juge aux Affaires Familiales pour statuer sur la demande : l'intérêt de l'enfant et l'intensité des liens entre l'enfant et le beau-parent demandeur. L'intérêt de l'enfant remplace donc la notion de situation exceptionnelle exigée dans l'ancien article 371-4 du Code civil. Cela étant, il n'existe pas de présomption selon laquelle un tel droit de visite serait conforme à l'intérêt de l'enfant à la différence de la présomption qui existe pour les grands-parents. Désormais les beaux-parents peuvent donc se voir accorder un droit de visite et d'hébergement alors qu'avant loi du 4 mars 2002, ils ne pouvaient se voir accorder qu'un simple droit de correspondance ou de visite.
Néanmoins, l'examen de la jurisprudence démontre qu'il faut saisir rapidement le juge et démontrer l'intérêt de l'enfant et la préservation de la stabilité affective entre l'enfant et le beau parent.
Ainsi dans un arrêt de la première Chambre civile du 23 octobre 2013, la Cour de cassation, interrogée sur les droits du tiers ayant participé à la prise en charge de l'enfant, s'est efforcée de démontrer que l'intérêt de l'enfant n'était pas respecté ; en considérant que la rupture des relations du beau-parent avec l'enfant pendant plusieurs années et ce, en raison même du refus de la mère de l'enfant que son ex-conjointe entretienne des relations avec elle, était en

contradiction avec l'intérêt de l'enfant de sorte que la demande n'apparaissait pas légitime[148].
Dans un autre arrêt rendu par la même Chambre le 13 juillet 2017, la Haute juridiction approuve une cour d'appel d'avoir jugé contre l'avis de la mère de l'enfant âgé de 2 ans lors de la rupture que l'intérêt de l'enfant, soigneusement motivé par de multiples circonstances manifestant un attachement réel, commandait un maintien des liens sur le fondement de l'article 371-4 al 2 du Code civil, sous la forme d'un droit de visite et d'hébergement. La cour se fonde également pour motiver sa décision sur l'article 3, § 1, de la Convention de New York du 20 novembre 1989 relative aux droits de l'enfant (article sur l'intérêt supérieur de l'enfant)[149].

Outre l'intérêt de l'enfant, il ne faut pas minimiser deux articles du Code civil qui peuvent être utiles aux beaux-parents qui veulent maintenir des liens avec les enfants qu'ils ont élevés : l'article 388-1, qui prévoit notamment que dans toutes procédures le concernant un mineur capable de discernement peut être entendu, mais également l'article 371-5, qui prévoit que « *L'enfant ne doit pas être séparé de ses frères et sœurs* », ce qui peut être très intéressant dans le cadre de familles recomposées.

2) La procédure

Comme pour les grands-parents, il incombe au beau-parent de saisir Tribunal de Grande Instance au fond sur le fondement de l'article 1180 du Code de procédure civile avec dénonce au parquet. Cela étant, certaines juridictions admettent la saisine du Juge aux affaires familiales en la forme des référés, sans représentation obligatoire par avocat et même, la possibilité d'agir en référé en cas d'urgence[150]. Cette jurisprudence va dans le sens de l'arrêt de la Cour de cassation du 23 octobre 2013, précédemment évoqué, qui préconise d'agir rapidement sans quoi les liens entre le beau -parent et l'enfant risquent d'être rompus.

---

148 Civ. 1re, 23 oct. 2013, n° 12-20560.
149 Civ. 1re, 13 juill. 2017, n° 16-24084.
150 Civ. 1re, 1er févr. 1983, Bull. civ. I, n° 46.

CONCLUSION

Il serait plus simple que la loi accorde aux parents sociaux additionnels des prérogatives qui ne reposent pas sur la simple volonté du parent légal mais sur le constat de l'existence d'un rôle parental factuel additif. Ainsi la loi lui ouvrirait le pouvoir d'accomplir les actes usuels de l'autorité parentale, ce qui permettrait de faciliter le quotidien des familles recomposées et ne déposséderait pas le second parent légal de son autorité parentale.
Le statut du beau-parent additionnel est complexe car le beau parent à une « existence » qui diffère selon les domaines juridiques il est notamment pris en compte pour le calcul de la part contributive (son implication financière est ainsi déguisée), il peut voir sa responsabilité civile et pénale engagée (si le mineur était sous sa garde, sa surveillance), il est reconnu dans le droit social et fiscal (reconnaissance en effet de la notion d'enfant à charge). L'enjeu est donc de trouver le juste équilibre entre les parents légaux, le besoin de sécurité et de continuité dans la vie de l'enfant et le respect des liens affectifs.

Le droit doit-il évoluer sur le statut des beaux-parents ? Doit-on lui accorder des droits et donc des devoirs envers et sur l'enfant ? Ce dernier pourrait-il prendre le nom du compagnon ou de la compagne de sa mère, voire en hériter ? En cas de séparation du couple, la garde de l'enfant pourrait-elle être partagée ? Reviendrait-elle nécessairement à la mère ? Le compagnon (ou la compagne) devrait-il payer une pension alimentaire ? Pourrait-il se prévaloir de l'article 205 du Code civil en cas de besoin ? Cette question risque de faire couler encore beaucoup d'encre car le risque est d'aboutir à des situations totalement ubuesques (des enfants issus de familles recomposées pourraient ainsi avoir une fin de semaine par mois chez leur père, une autre chez leur mère, une autre chez leur belle mère et encore une autre chez leur beau-père, quid si les grands-parents sollicitent également un droit de visite et d'hébergement ?). La question est donc encore loin d'être tranchée en France.
En Espagne et en Italie, les beaux-parents (les partenaires du parent homosexuel compris) n'ont pas de statut juridique vis-à-vis de l'enfant. Les Belges réfléchissent quant à eux à la création d'un statut de « parent social ». En Allemagne et en Suisse, le beau-parent bénéficie d'une autorité parentale automatique : en Suisse, le beau-parent est considéré comme un auxiliaire du parent biologique et en Allemagne, depuis 2001, la loi lui octroie une forme limitée d'autorité parentale. En Suède, la loi reconnaît le beau-parent dans les cas d'enfants nés au sein de couples homosexuels. Aux Pays-Bas, depuis 1998, la loi, en consacrant l'« autorité commune », a reconnu le beau-parent. Depuis 2002, cette autorité commune s'exerce même automatiquement si les deux partenaires sont mariés ou ont conclu un partenariat enregistré.

Pour conclure, l'invention d'un nouveau statut familial semble peut-être plus appropriée. La notion de « partenaire parental », voire de « parent social » disposant vis-à-vis de l'enfant de droits intermédiaires entre ceux des tiers et ceux des parents, pourrait constituer une réponse adéquate.

LES LIENS PARENTS-ENFANTS À L'ÉPREUVE DE LA SÉPARATION : REGARDS CROISÉS

Carole MONCHANT

J'interviens en ma qualité de psychologue pour vous faire part de mon expérience sur l'accompagnement des personnes en situation de séparation et des conséquences sur leurs enfants. Quand on sait que près d'un couple sur deux se sépare, pour un enfant, le fait d'être confronté à un divorce ou à une séparation de ses parents est source de souffrance et complique son existence[151]. Une séparation est une période de turbulences, de changements tant pour les enfants que pour les parents. Les adultes sont souvent centrés sur leurs émotions et les enfants eux n'osent pas les surcharger car ils les voient préoccupés ou ont peur de les blesser. Normalement quand les parents décident de rompre, ils ont pour mission de continuer à exercer positivement leur parenté. Seulement une garde alternée et une autorité conjointe ne peuvent fonctionner que si les deux parents sont disposés à l'appliquer d'une manière constructive, et non si l'un des deux l'exige comme « son droit » ou l'impose à l'autre comme « son obligation ». Pour cela il faut arriver à différencier le couple et le couple parental. Et dans certaines circonstances, lorsque les parents ne réussissent pas à se concerter de manière constructive, il convient de rechercher une organisation qui offre le plus de chance aux enfants d'échapper aux conflits. Mais dans la majorité des cas, ce traumatisme peut être surmonté et l'enfant peut se développer normalement sur le plan psychique. Des troubles psychiques ont beaucoup plus de chance de survenir quant à la séparation parentale s'ajoutent les problèmes crées par les adultes, liés à la souffrance actuelle, mais aussi à une souffrance datant de leur enfance qui peut resurgir à cette période.

La difficulté des enfants qui vivent une séparation est double. Ils doivent à la fois accepter la perte du couple de leurs parents et en même temps ils doivent s'adapter à ce changement rapidement en fonction de la nouvelle situation, c'est-à-dire, soit vivre seul avec la mère ou le père, soit vivre dans une famille recomposée, si l'un des deux parents est déjà en couple, ce qui implique pour l'enfant de faire face à de nouvelles habitudes de vie, de nouveaux demi-frères et sœurs, belle-mère ou beau-père qu'il faut arriver à accepter et à aménager. Tout cela fait beaucoup de bouleversements auxquels un enfant n'est pas préparé, notamment s'il est jeune. J'ai rencontré des situations où la mère vient vivre avec son enfant de 8 ans et les enfants

---

[151] Selon Médiapart, dans son édition du 21 juin 2017, 200 000 enfants par an seraient concernés pas le divorce de leurs parents.

du nouveau conjoint refusent que l'enfant investisse leur chambre et cela crée des conflits d'autant plus si le père ne se positionne pas. La relation peut éclater aussi, et aussi soumettre encore un changement, un éclatement pour les enfants qui ne trouvent pas leur place et se sentent rejetés. Ce qui est difficile en tant que professionnelle, c'est que l'enfant ne comprend pas pourquoi nous ne faisons rien pour changer sa réalité douloureuse alors que nous montrons que nous comprenons ses sentiments.

Aussi est-il important pour commencer de préciser la notion d'attachement afin de mieux expliquer ce que peut ressentir l'enfant en fonction de son âge (I) avant d'exposer les réactions des enfants (II), les symptômes observés (III) et les principales problématiques rencontrées en cas de séparation parentale (IV).

I. Définition de la notion d'attachement

Alors qu'est-ce que l'attachement dont on parle ? Un bref rappel s'impose afin de pouvoir mieux mesurer les conséquences que cela peut engendrer chez l'enfant lors des séparations et des modes de garde. Cette notion a été élaborée par Bowlby. Mary Ainsworth, psychologue canadienne propose le concept de « *base de sécurité* ».

L'attachement est un besoin primaire, inné, vital sur le plan affectif qui se définit comme un lien particulier, sélectif que l'enfant établit dès le début de sa vie avec un adulte, celui qui s'occupe principalement de lui. Un bébé a comme premier besoin de se sentir rassuré lorsqu'il ressent un mal-être, et pour cela, de pouvoir maintenir un besoin de proximité physique avec cet être de référence qui génère un sentiment de sécurité. L'attachement est donc un système fondé sur l'importance de cette proximité. En effet, dès sa naissance, lorsqu'un bébé ne se sent pas bien, sentiment d'inconfort, il va alors émettre des signaux par des cris, des pleurs, qui traduisent son mal-être et cela doit normalement entraîner une réponse du parent. Quand l'enfant peut alors désactiver le système d'attachement et activer le système d'exploration du monde, c'est-à-dire déployer librement sa curiosité, c'est qu'il peut se détacher.

De nombreux travaux ont montré les liens qui existaient entre qualité de l'attachement dans le jeune âge et risques psychopathologiques à l'âge adulte.

Les processus d'attachement se construisent en plusieurs étapes :

- **De 0 à 3 mois**, le comportement d'attachement de l'enfant a pour objectif de rapprocher l'adulte de lui, sa mère dans la majorité des cas, qui va lui fournir réconfort et soins.

- **De 3 à 6 mois**, l'enfant va petit à petit différencier les personnes familières des personnes étrangères. Cependant, ses pleurs et ses cris seront davantage calmés par sa mère que par n'importe quel autre adulte.
- **Entre 6 mois et 3 ans**, l'enfant accède progressivement à la motricité puis à la marche.

Si la mère s'éloigne, il peut la chercher et la suivre. La motricité qui se développe lui permet l'exploration de l'environnement : l'enfant s'éloigne de sa figure d'attachement et revient vers elle s'il juge qu'il s'en est trop éloigné, puis une fois rassuré, il reprend son exploration. En situation de détresse, il se dirige directement vers elle. C'est entre **6 et 18 mois** que sa figure d'attachement devient sa « *base de sécurité* » (théorie de Mary Ainsworth) et qu'apparaissent la peur de l'étranger et l'angoisse de séparation.
- **Entre 3 et 4 ans**, les acquisitions cognitives progressives permettent à l'enfant de garder en mémoire sa figure d'attachement si elle s'absente pendant un temps donné (qui s'allongera au fur et à mesure que ses capacités de mémorisation augmenteront), c'est-à-dire d'avoir un sentiment de sécurité interne qui lui permet de se séparer. Petit à petit, il a moins besoin de proximité physique de sa figure d'attachement, mais il a cependant besoin de la savoir accessible s'il en éprouve le désir ou la nécessité.

En clair, on sait aujourd'hui qu'un bébé va nouer très tôt plusieurs liens d'attachement : sa mère, son père, sa fratrie, sa nounou, etc. Il a une hiérarchie dans un groupe d'adultes stable qui s'occupe de l'enfant, une figure qui deviendra la figure d'attachement préférentielle pour lui. « *Le bébé va progressivement hiérarchiser ses figures d'attachement primaire en figure d'attachement principale et figures d'attachements subsidiaires ; mais cela ne veut pas dire qu'il en aime une plus que l'autre. Cela signifie que la figure qui donnera le plus le sentiment de sécurité au bébé est la figure d'attachement principale qui est, dans la majorité des cas, la mère. Et qu'un enfant malade, fatigué ou dans un environnement inconnu, aura besoin de se rassurer davantage que lorsqu'il est chez lui, en pleine forme où la seule accessibilité de sa figure d'attachement suffira pour le rassurer complètement.* »[152]

II. Les réactions des enfants à la séparation

Quand l'enfant apprend la séparation, il s'interroge et cela traduit clairement la sécurité de son petit monde.

---

[152] J. Phélip, M. Berger, *Divorce, séparation : les enfants sont-ils protégés ?*, éd. Dunod, p. 48.

En effet, un enfant, qui se sent dépendant de ses parents (pour sa survie), ne peut pas imaginer que ceux-ci se séparent. Cela menace son intégrité psychique et physique. Peu importe l'explication que vont lui donner ses parents sauf en cas de violence conjugale où certains enfants sont parfois les déclencheurs de la séparation. Dans ce cas, la victime sous emprise ne peut réagir, c'est l'enfant qui lui donne comme l'autorisation de pouvoir partir et quitter l'auteur de violence. Mais dans des cas de séparation, « classique », à savoir hors violence, l'enfant ne va retenir que ce qui le menace et l'inquiète : que vais-je devenir maintenant ? Il sait qu'il n'a pas encore développé les capacités pour se débrouiller seul. Aussi, ce qui l'inquiète c'est tout ce qui centré sur lui comme par exemple : « Est-ce que je vais changer d'école ? Vais-je garder ma chambre ? » Cela est un fonctionnement normal de tout enfant jusqu'à environ 6 ans et qui persiste souvent au-delà. L'enfant a besoin qu'on lui porte de l'amour et de l'attention pour être apaisé sur le fait d'être aimé par ses deux parents.

L'enfant comme les parents doit faire le deuil de ce qui était et qui ne sera plus. L'enfant va réagir différemment de son parent et cela peut être déstabilisant pour l'adulte qui pense que l'enfant traverse cette situation plutôt bien ou alors ne comprendra ce que l'enfant veut lui dire.
L'âge de l'enfant, sa maturité et son degré de compréhension déterminent directement sa façon de vivre cette crise et plus il est jeune et moins ses capacités d'intégration sont développées ; de même que sa capacité à exprimer sa souffrance et ses besoins. L'intérêt de l'adulte est d'arriver à décrypter ce qui veut dire son enfant.

III. Les symptômes et ressentis observés chez l'enfant

Deux tiers des enfants de 12 mois à 3 ans, qui passaient une ou plusieurs nuits loin de leur mère, développaient avec elle un attachement qualifié de désorganisé. En fait, ces enfants présentaient des moments d'hyper vigilance, d'agrippement, d'agressivité, d'hypersensibilité à toute séparation potentielle ou réelle d'avec la mère. Le conflit parental et la non communication entre les parents semblaient aggraver l'insécurité des enfants.
Ce que l'on peut observer c'est que des enfants qui ont vécu un attachement insécurisant est un facteur de vulnérabilité, favorisant l'apparition de troubles psychopathologiques à l'âge adulte (troubles anxieux, boulimie, anorexie, troubles de l'humeur, conduites addictives, etc.), qui n'implique pas forcément un devenir pathologique mais toujours une fragilité psychologique. Il en va différemment de l'attachement désorganisé qui fait courir aux enfants un risque psychopathologique élevé. La nuit est en effet

un moment de séparation où le système d'attachement des jeunes enfants est réactivé. Ils ont besoin de la proximité physique de leur mère et de leurs habitudes routinières à ce moment-là. Des études ont montré que des enfants séparés la nuit de leurs parents développent des angoisses en grande partie liée à l'inaccessibilité de leur mère.

En effet, jusqu'à 5-6 ans, l'enfant exprime ce qu'il ressent à travers son comportement, les actes remplacent les mots comme le montre cet exemple.
Parfois, aussi, l'enfant peut perdre quelques acquisitions et régresser à des stades antérieurs de développement, il fait de nouveau pipi au lit, il suce de nouveau son pouce ou encore manifeste de vieilles peurs comme la peur du noir, peur de se retrouver seul dans une pièce sans un parent près de lui, pour citer quelques exemples. Il peut même avoir des réticences à faire son activité préférée si son parent n'est pas constamment avec lui. Il a tellement peur de perdre un des deux parents qu'il ne peut le perdre même un instant. Cette demande incessante d'attention peut même devenir exaspérante pour le parent mais s'énerver contre lui ne fera qu'amplifier l'angoisse de son enfant. L'agressivité de l'enfant est une manière d'exprimer son désarroi mais peut exprimer également sa colère contre ses parents qui le mettent dans cette confusion. On peut voir deux types de situations : un enfant irascible, râleur, bougon ou à l'inverse un enfant qui adopte une attitude calme, soumise, de peur d'être attaqué ou même abandonné. Parfois, certains enfants ont l'impression qu'ils sont responsables de ce malheur familial et espèrent qu'en se faisant tout petit, en passant inaperçu, on ne les accusera pas.
Certains enfants aussi ont le sentiment d'être les plus forts, super puissants voire même avoir un pouvoir pouvant influencer le cours des choses et contrôler le monde extérieur rien qu'avec la force de son désir comme une « pensée magique ». Il peut imaginer rien qu'avec le pouvoir de sa pensée pouvoir remettre ses parents ensemble. Seulement ce mode de pensée peut à l'inverse être source d'angoisse car s'ils voient ses parents tristes ou angoissés, il peut se sentir responsable de ce qui leur arrive. De ce fait, il peut se sentir coupable vis-à-vis de ses parents et cette culpabilité peut se transformer en colère, fruit de sa frustration ou alors imaginer pouvoir changer les choses mais voyant que ça ne fonctionne pas, il peut adopter une attitude dépressive. Il est mis en échec dans ses tentatives de réparation de la détresse parentale avec le risque de se croire nul et ne pas mériter l'amour de ses parents. Cela peut paraître fou pour un adulte de penser cela mais c'est véritablement ce qu'un enfant pense et c'est important de le faire parler afin de désamorcer sa pensée magique.

De 6 à 8 ans, l'enfant manifeste sa peine même s'il essaie de la cacher si on ne le sollicite pas. On peut observer des manifestations somatiques dépressives s'accompagnant de troubles de sommeil, de troubles de l'appétit, ou la perte d'intérêt pour les activités favorites. L'agressivité peut prendre différentes formes comme des bagarres entre frères et sœurs, refus de l'autorité parentale, accès de colère ou alors des périodes de grandes agitations psychomotrices où l'enfant devient incontrôlable et manifeste ainsi son état d'anxiété et de confusion. C'est également à cet âge que l'imagination bat son plein. Il pose des tas de questions mais le parent ne sait pas ce qu'il doit répondre. Le mieux est de lui dire la vérité et de le rassurer. Sinon, il va se faire les pires scénarios et si en plus l'adulte camoufle sa peine alors qu'il est plein d'angoisse, l'enfant pourra penser qu'il doit adopter la même attitude et s'interdire toute manifestation de stress et enfouir ses peurs mais jusqu'à quand ! À quel moment de sa vie vont-elles ressurgir ?

Entre 9 et 12 ans, les signes de dépression (tristesse, ralentissement psychomoteur, baisse des résultats scolaires, etc.) sont encore plus évidents dans cette tranche d'âge, de même pour la colère et les troubles du comportement.

À l'inverse, certains enfants donnent l'impression d'être détachés comme si tout allait bien pour lui mais cela peut montrer au contraire un déni de la situation et de sa souffrance, une façon de se protéger. C'est souvent d'un enfant calme et tranquille qu'il faut s'inquiéter plutôt qu'un enfant qui manifeste et qui sera lui plus vite repéré et pris en charge. Il faut le solliciter pour que l'enfant exprime ce qu'il éprouve car il ne le fera pas de lui-même.

À ces âges-là, l'enfant peut prendre des responsabilités qui ne sont pas de son âge. Il agit comme si l'adulte lui avait demandé alors que ce n'est pas le cas. Il porte une charge, protège, agit comme un petit mari pour sa mère par exemple ou comme la petite femme de papa qui veille à ce qu'il soit bien. Parfois, l'inversion des rôles fait que l'enfant se retrouve à des places où il ne devrait pas être comme le confident, l'ami, le père, le psy et en vient à donner des conseils. Seulement l'enfant va vite se sentir débordé car il ne peut pas assumer quelque chose qui n'est pas en lien avec sa maturité émotionnelle et intellectuelle. S'il échoue, cela aura un impact sur son estime de lui, ne se sentira pas à la hauteur et ressentira un stress et incapable de recevoir l'amour de ses parents, ce qui peut entraîner un vécu dépressif.

Le parent devrait remettre l'enfant dans son rôle en fonction de son âge et ses capacités et pas parfois comme on peut le voir comme un instrument pour toucher l'autre parent ou l'utiliser face à son propre mal-être. L'adulte doit se montrer solide pour que l'enfant se sente rassuré et pas avec l'idée que son parent peut faillir et l'abandonner.

Enfin, à cette période, l'enfant a souvent honte de ce qui se passe dans sa famille. Il ne veut pas en parler aux autres à l'école même si d'autres copains vivent ou ont déjà vécu la séparation. Il peut se sentir différent, pas comme les autres, voire mis de côté ou être un bouc émissaire.

De 13 à 17 ans, l'enfant enfin l'ado est en plein bouillonnement émotionnel par l'adolescence et en pleine recherche de son identité d'adulte tout en conservant ses réflexes d'enfants. La rupture de ses parents ne vient qu'ajouter une confusion supplémentaire à la sienne. Par exemple, le fait qu'il remette en cause l'autorité des parents, il peut saisir l'occasion de leur séparation pour leur dire à quel point ils sont en échec et vulnérables. L'adolescent peut se montrer intransigeant, dur, tranché et inflexible. En fait, il montre son inquiétude à ne pas voir les adultes à la hauteur de ses attentes. L'adolescent aimerait, au fond de lui, pouvoir explorer le monde en ayant un environnement stable, ce qui ne va pas avec une séparation. Aussi, peut-il exprimer sa souffrance par des comportements qui lui donnent la sensation d'apaiser son anxiété comme la prise d'alcool, de stupéfiants ou des errances sexuelles. À l'inverse, il peut aussi déployer des trésors de tendresse, de sagesse et d'intelligence s'il a face à lui des adultes capables de lui faire confiance. Il sera reconnaissant d'avoir des responsabilités (s'occuper de ses frères et sœurs ou accomplir des tâches) et donc une place ! Sa maturité affective lui permet d'appréhender la souffrance de ses parents voire à les émouvoir quand il leur parle.

Peurs et interrogations du jeune adulte ? Quand l'enfant devient adulte, il se pose beaucoup de questions sur son devenir, ses réactions et a des peurs. Quand il y a eu des violences conjugales, et que celui-ci y a été exposé étant enfant, le jeune se pose des questions sur ses relations de couple. Il ne sait plus ce qu'est-ce un couple pour lui ou elle. Vais-je être comme mon père qui tapait ma mère ? Est-ce que j'ai droit au bonheur ? Et pourquoi moi en tant que femme je rencontre toujours des hommes qui me font du mal ou qui m'utilise ou que j'ai envie d'aider ? Qu'est-ce que je vais reproduire ?
De la même façon, dans les cas d'adultes qui ont été enfants de parents séparés, ils disent souvent ne pas vouloir reproduire le schéma de leurs parents et développent un sentiment d'insécurité. Ils ont parfois des excès de jalousie à l'égard de leur conjointe ou conjoint de peur d'être abandonné par l'autre.
Pour ceux qui ont des enfants jeunes, ils expriment une souffrance de leur vécu d'enfant séparé et une culpabilité et/ou un sentiment d'échec de ne pas arriver à donner un équilibre stable à leur propre enfant.
Enfin, ils peuvent avoir aussi avoir peur de reproduire et refusent d'être aimé ou ont une peur de l'engagement, peur d'une relation stable, de faire des enfants. Le jeune est dans un comportement de fuite ou d'évitement.

En définitive, les différents symptômes observés chez les enfants peuvent se résumer de la façon suivante. Parfois, en cas de résidence alternée, l'enfant en bas âge manifeste ce qu'il ressent par divers symptômes. En effet, on sait que les séparations trop prolongées avec la figure d'attachement, qui est souvent la mère, créent des troubles prévisibles. Ces troubles se caractérisent en deux temps.

Le premier temps se caractérise par :

- un sentiment d'insécurité, avec l'apparition d'angoisses d'abandon qui n'existaient pas auparavant. L'enfant demande à ne pas se séparer de sa mère, et parfois cela se manifeste souvent le soir ;
- un sentiment dépressif avec un regard vide pendant plusieurs heures ;
- des troubles du sommeil, de l'eczéma, de l'asthme ;
- de l'agressivité, en particulier à l'égard de la mère, considérée comme responsable de l'éloignement ;
- une perte de confiance dans les adultes, en particulier dans le père dont la vision déclenche une réaction de refus.

Le second temps, quant à lui, est différent. L'enfant renonce en se clivant et/ou en faisant taire ses symptômes. C'est au niveau intrapsychique que se manifeste sa souffrance, qui réapparaîtra plus tard. Les psychothérapies d'enfants réalisées à partir de l'âge de 3 ans montrent que lors des résidences alternées consensuelles, ces enfants cachent leur souffrance ou la manifestent indirectement par de l'agressivité plus ou moins explosive. Parfois des enfants montrent qu'ils se sacrifient en acceptant ce mode de vie pour ne pas décevoir leur père ou leur mère, et se présentent comme parfaits, adaptés aux désirs de leurs parents, avec même une bonne réussite scolaire.

IV.Problématiques observées dans le cadre des séparations

Toute séparation qu'elle se passe plus ou moins bien, ou pas du tout, est source de perturbations pour les enfants. Plusieurs problématiques peuvent être observées en pratique. Cependant, la réaction des enfants sera en fonction de ce qu'il se passait avant et pendant la vie commune.

A. CONFLIT ENTRE PARENTS SUR LE MODE DE RÉSIDENCE

En effet, lorsque les parents se séparent, c'est une période de turbulence comme on pourrait l'appeler même s'ils se séparent d'un commun accord. Ils peuvent être soucieux, préoccupés, en souffrir et de ce fait ne plus arriver

à apporter les soins sécurisants à leurs enfants. Certains sont submergés par des sentiments de jalousie, de colère, de frustration, ou de désir de revanche. Il ne faut pas oublier que l'enfant absorbe beaucoup ce que vit l'adulte. Ce dernier est le modèle auquel il va se référer ; donc si celui-ci ne va pas bien, lui non plus puisque son sentiment de sécurité est mis en péril.
En consultation, celui qui se fait quitter ne comprend pas forcément ce qui lui arrive et l'autre ne sait pas comment gérer la souffrance de l'autre. Aussi, les parents sont submergés par leurs émotions, leurs ressentis et leur quotidien, ce qui impacte indirectement celui de leurs enfants. Celui-ci va être balloté d'un logement à un autre. Souvent avant le jugement, rien n'est très clair car les parents ont besoin de s'ajuster à leur nouveau mode de vie mais après aussi. Mais alors qu'en est-il du bien-être de l'enfant ? Qui s'en est soucié ?
Aussi, tous ces changements (aller-retour maison, routine, rythme, école, etc.) perturbent et entraînent de l'anxiété et le sentiment d'insécurité chez l'enfant plus ou moins intense selon sa sensibilité et l'âge de l'enfant. Alors que c'est à cette période que l'enfant aurait le plus besoin de stabilité pour la traverser.

La problématique est donc le choix de la résidence : résidence habituelle chez l'un des parents ou résidence alternée. Le premier choix peut donner le sentiment à l'un ou l'autre parent d'être moins aimé par son enfant si la garde n'est pas équitable.
Un père a pu me dire « *Comment puis-je être père si je n'ai mon enfant qu'un week-end sur deux et la moitié des vacances ? Ce n'est pas comme cela que je voyais mon rôle de pèr*e ».
Il est important de considérer l'âge des enfants, l'environnement, notamment pour voir ce qu'il y aura de plus stable pour l'enfant. Pourquoi pas une résidence alternée pour avoir l'enfant la moitié du temps comme un objet parfois que l'on balade sans se soucier de son bien-être à lui ?
L'enfant peut être instrumentalisé (besoin d'équité pour l'un des deux parents), critiques d'un ou des deux parents sur le mode éducatif fait chez l'autre, critique sur le choix du conjoint et sur son comportement « négatif » sur l'enfant. Parfois, des adultes qui viennent en consultation et qui ont vécu la résidence alternée enfant nous disent qu'ils ont eu l'impression de vivre les séparations comme une déchirure, sans arrêt baladés d'un point à un autre, de ne pas avoir d'endroit fixe où se poser. Parfois, ils vivent avec une angoisse d'abandon et développent parfois des stratégies pour avoir l'impression de contrôler quelque chose, comme par exemple prendre le même chemin pour rentrer de l'école, ne pas changer d'habitude alimentaire, etc.
Ce qui ressort chez presque tous les adultes ayant vécu la résidence alternée, était le sentiment de ne pas avoir un véritable chez soi, sans oublier l'oubli

des affaires chez l'un ou chez l'autre, ou encore de faire ses bagages chaque semaine.

Enfin, la difficulté chez l'enfant est que parfois, il lui est interdit d'évoquer l'autre parent, d'en garder la moindre trace comme par exemple : tu n'emmèneras pas de doudou, tu auras d'autres vêtements ou à l'inverse je remets les mêmes vêtements tout le long du séjour, tu n'appelleras pas ou je serai à côté pour tout écouter... En bref, l'enfant perd donc un parent quand il va chez l'autre !

B. PRESSION DU PARENT SUR L'ENFANT

Une autre problématique peut se poser : celle de la pression du parent sur l'enfant pour que celui-ci accède à ses besoins, pression sur l'enfant pour savoir ce que fait l'ex-conjoint. À tel point que parfois l'enfant en vient à adopter des stratégies d'évitement ou commence à mentir. Cela peut d'ailleurs se manifester par des maux physiques comme des maux de ventre et vomissement, ou des maux psychologiques comme une mauvaise estime de soi, une perte de confiance en soi pour ne citer que quelques exemples.
Des études ont montré que le fait d'être sans cesse confronté à la perte des lieux, d'objet ou d'un parent ou d'être confronté à un stress répété ou intense chez le jeune enfant peut entraîner une vulnérabilité au stress quand il devient adulte.

C. DÉSENGAGEMENT DU RÔLE DE PARENT VIS-À-VIS DE L'ENFANT

Parfois, il arrive que le père, qui n'a pas la résidence habituelle de l'enfant, se désengage de ses droits et de ses devoirs, soit en ne payant plus la pension alimentaire, soit en faisant traîner le versement. On le voit dans le cas de violence ou de manipulation où le parent ne remplit pas son obligation dans les délais car il sait qu'il met en difficulté l'autre parent. Parfois, cela affecte directement l'enfant quand chez l'un des parents, il n'y a pas ses effets personnels. Il ou elle n'achètera pas de vêtements à l'enfant estimant qu'il a payé la pension alimentaire et que cela suffit alors que l'enfant manque de chaussures, de blousons, de cahiers, etc. Il suffit pour illustrer ces propos de citer une situation dont j'ai eu à connaître. Une adolescente de 13 ans m'a confié ne pas vouloir occasionner des frais supplémentaires à sa mère. Or, comme elle avait pris du poids, elle mettait les deux pulls qu'elle avait (les lavant et les mettant à tour de rôle). Mais à l'école, elle avait honte car ses camarades commençaient à s'en rendre compte. Elle a donc fini par se replier sur elle-même. Elle n'osait pas non plus le demander à son père car elle avait honte et à la fois ne voulait pas recréer du conflit entre ses parents. En définitive, elle subissait la situation.

D. EN CAS DE RECOMPOSITION FAMILIALE

Il arrive que l'enfant ne trouve pas sa place dans la nouvelle composition familiale en raison d'un rejet de la belle-mère ou beau-père ou des beaux enfants. À l'inverse, la recomposition familiale peut être bénéfique car l'enfant, qui a un père absent, peut trouver une image masculine ou féminine à qui se raccrocher et s'identifier. Le risque étant un nouvel éclatement du couple et de ce fait comme je le disais précédemment un nouveau changement à vivre.
Il arrive aussi que le choix des partenaires soit source de mal-être et de conflit entre les parents. Ce peut être de la jalousie mais aussi une pression sur l'enfant. J'ai eu des cas où la belle-mère refusait à sa belle-fille ou beau-fils de toucher au placard à gâteau prétextant que cela appartenait à ses enfants et disant qu'il ou elle était trop gros. Le parent n'osant pas se positionner et prendre parti pour son enfant afin d'éviter de créer du conflit ou d'être abandonné ou rejeté par sa nouvelle compagne. Par conséquent, l'enfant se tait et subit jusqu'à ne plus vouloir aller chez ce parent. Dans ce cas, le parent ne joue pas son rôle de protection vis-à-vis de son enfant qui ne se sent pas sécurisé.

E. EN CAS DE VIOLENCE CONJUGALE

Il est admis que l'emprise de l'auteur de violence empêche souvent la victime d'agir et comme évoqué précédemment, parfois, les enfants sont à l'origine de la séparation. Ils ne peuvent plus supporter le climat dans lequel ils vivent et ils demandent à leur mère que cela s'arrête, parfois même, j'ai eu des situations où l'adolescente a fait des tentatives de suicide pour faire réagir sa mère. L'enfant peut aussi porter le poids de la séparation de ses parents.
Souvent le conflit était présent avant la séparation mais il peut s'amplifier ou apparaître lors de la demande de séparation. Des études ont montré que les enfants, confrontés aux disputes de leurs parents avant la séparation, ont davantage de problèmes psychologiques durables et des résultats scolaires moindres que leurs copains. On sait aujourd'hui que les enfants exposés sont victimes et ce n'est pas en fermant la porte de la chambre, qu'ils n'entendent pas ce qu'il se passe et qu'ils ne sont pas impactés par le conflit.

Dans la violence conjugale, le conflit persiste aussi après la séparation au travers de l'enfant. De plus, le danger et le sentiment d'insécurité sont réels quand il y a conflit des parents devant l'enfant et notamment lors de la

remise des enfants. C'est en effet souvent lors de ces moments-là que des homicides sont commis sur les femmes mais aussi sur des enfants. On sait aujourd'hui que le passage à l'acte de l'auteur de violence peut se faire notamment lors de la grossesse, l'annonce de la séparation ou la remise des enfants. Ils constituent des facteurs de risque (homicide). D'où l'importance que les parents ne se rencontrent pas : que le parent récupère l'enfant à l'école le vendredi soir et le ramène à l'école le lundi matin par exemple.
Ce que je remarque dans ma pratique, c'est que lors des séparations, la résidence alternée est souvent source de conflit et d'affrontement entre les parents. Parfois, ce qui est dommageable c'est que les enfants soient au cœur de ces choix et instrumentalisés afin que ceux-ci adhèrent au choix des parents en les faisant culpabiliser. La difficulté réside aussi dans l'avant-jugement dont les délais sont parfois longs pour les familles. Les enfants ne se sentent pas en sécurité car rien n'est posé et les parents peuvent faire comme ils veulent pour blesser l'autre au travers des enfants ; cela peut aller du « *Je garde les enfants car j'ai le droit* » ou à l'inverse aux changements incessants de jour de garde ou du lavage de cerveau pour arriver à ses fins ou à détruire l'autre en lui montrant bien tout ce qu'il ou elle fait de mal.

Un conflit ouvert ou chronique, les insultes ou les menaces verbales, représentent une grande violence émotionnelle pour l'enfant et engendrent chez lui la peur et une anxiété généralisée. Plus l'enfant est jeune, lorsqu'il est soumis au conflit parental, plus le risque psychopathologique est élevé. Pour illustrer mes propos, il suffit de prendre l'exemple d'enfants qui ont été *in utero* victimes de violence. Des études ont montré que lorsqu'une femme a été victime de violence alors qu'elle était enceinte, en recevant des coups ou seulement par le fait de paroles agressives, humiliantes ou dévalorisantes, l'enfant ressentait la peur de la mère et ne se manifestait pas ou peu dans le ventre de celle-ci. Parfois, le fœtus est tout petit dans le ventre de la mère. Par la suite, j'ai pu constater le manque de croissance des enfants qui ne s'autorisaient pas à grandir. Dès lors que l'on donne un espace de parole aux enfants, ceux-ci vont pouvoir se développer et grandir. C'est impressionnant à constater.

V. Alors quoi faire ?

Il est clair qu'un enfant a autant besoin de son papa que de sa maman, d'autant plus que chacun assume une fonction parentale saine, apportant une contribution favorable à la construction et l'équilibre de l'enfant. En fait, contrairement aux désirs de chacun, un père et une mère ne sont pas toujours interchangeables mais complémentaires. Leur domaine d'intervention n'est jamais lié à une égalité de présence de chacun auprès de l'enfant que ce soit durant la vie commune ou après. En effet, l'enfant n'a pas la même notion du temps que nous adulte. Par exemple, l'enfant ne compte pas en jours mais en nombre de dodos !

CONCLUSION

À l'image de la société, dans la salle, vous devez être un sur deux à connaître la séparation.
Vous êtes très probablement les premières personnes que les couples séparés vont aller rencontrer, que vous soyez juriste ou avocat et au-delà de qui va garder la voiture, l'appartement, les petites cuillères, je pense que votre rôle est de leur passer le message qu'au-delà de leur conflit difficile à vivre certes, leur enfant a besoin d'un espace de parole pour exprimer ce qu'il ressent de cette situation.
D'ailleurs parfois, c'est grâce à cet espace neutre et bienveillant que les parents pourront résoudre certains conflits car il y a un tiers où ils sont obligés de parler de l'enfant. Et en réinstaurant de la communication quand cela est possible et un climat positif chez chaque parent que l'enfant pourra s'épanouir. Le but est qu'ils comprennent que c'est dans l'intérêt de l'enfant mais aussi du leur qu'ils vivront mieux leur quotidien respectif.
On ne pourra pas éviter les séparations mais l'idée serait peut-être de préconiser que dans chaque séparation, l'enfant puisse bénéficier d'un espace de parole pour dire ce qu'il ressent et ainsi éviter de grandir avec de la colère, de l'incompréhension, des peurs jusqu'à l'âge adulte.

En clair, ce n'est pas le système choisi en soi mais bien le climat d'éducation qui détermine le bien-être de l'enfant. Les enfants doivent être protégés des conflits entre ex-partenaires. C'est pourquoi il est vital de donner la priorité à leur point de vue et à leurs besoins, et non aux aspirations des adultes. Pour y parvenir, il faut leur permettre de s'exprimer.

La séparation des parents entraîne un inévitable chamboulement dans la vie affective et matérielle des enfants, et ce quel que soit leur âge.
Il n'est d'ailleurs pas rare d'entendre des enfants adultes, pourtant bien installés dans leur vie privée et familiale, exprimer une authentique souffrance à l'annonce de la séparation de leurs parents. L'enjeu pour les plus jeunes est incontestablement important tant cette séparation va impacter leurs conditions de vie notamment en les contraignant à déménager, à se partager entre deux résidences et parfois à changer d'école, d'enseignants, de camarades, à abandonner des activités de loisir et sportives…
Surtout, la séparation va conduire à une inévitable distanciation des relations que l'enfant entretient avec ses deux parents. Au-delà de la distanciation physique, quantitative, qui peut ne pas être forcément différente de celle que l'enfant pouvait vivre du temps de la vie commune des parents lorsque l'un d'eux était régulièrement éloigné du foyer notamment pour des raisons professionnelles, c'est la distanciation qualitative, affective qui est la plus prégnante.
Jusqu'à il y a encore quelques décennies, il était admis qu'un seul des parents, dans la très grande majorité des cas la mère, « gardait » les enfants, l'autre parent « disparaissant » très souvent de la vie des enfants.
L'évolution de la loi vers le principe de la coparentalité a débuté en 1987 avec la disparition du concept de « garde » au profit de celui de l'autorité parentale définie par l'article 371-1 du Code civil comme « *l'ensemble de droits et de devoirs ayant pour finalité l'intérêt de l'enfant* »[153]. Elle s'est poursuivie et s'est affirmée avec les lois des 8 janvier 1993 et 4 mars 2002 desquelles il résulte que :

- « *La séparation est sans incidence sur les règles de dévolution de l'autorité parentale* » (art. 373-2, al. 1er C. civ.) ;
- « *Chacun des père et mère doit maintenir des relations personnelles avec l'enfant et respecter les liens de celui-ci avec l'autre parent* » (art. 373-2, al. 2 C. civ.) ;
- Le Juge aux affaires familiales garantit « *la continuité et l'effectivité du maintien* » de ces liens (art. 373-2-6 C. civ.) et, lorsqu'il se prononce sur les modalités d'exercice de l'autorité parentale, il prend notamment en considération « *l'aptitude de chacun des parents à assumer ses devoirs et respecter les droits de l'autre* » (art. 373-2-11 C. civ.).

Les directives légales sont claires.

[153] Loi n° 87-570 du 29 juillet 1987 sur l'exercice de l'autorité parentale.

Néanmoins les études démontrent qu'un enfant sur deux n'entretient plus aucune relation avec l'un de ses deux parents après la séparation. Ce constat interpelle et conduit à s'interroger sur l'efficacité de la réponse légale et judiciaire pour assurer l'effectivité du lien de l'enfant avec ses deux parents malgré leur séparation (I) et sur la nécessité de penser différemment les réponses à apporter à cette problématique (II).

I. Les limites de la réponse judiciaire au maintien du lien parent/enfant en cas de séparation

A. DE LA DISTANCIATION À LA RUPTURE DES LIENS

La distanciation voire la rupture des relations de l'enfant avec l'un de ses parents repose le plus souvent sur des éléments identifiables et objectivables.
Il s'agira du parent qui déménage pour des raisons professionnelles, familiales ou de pure convenance personnelle. Il s'agira encore, dans les cas extrêmes du parent violent (violences physiques mais également psychologiques).
Mais parfois, la distanciation puis la rupture ne repose sur aucun élément objectivable et résulte d'un comportement anormal longtemps appelé « *l'aliénation parentale* ».
Aujourd'hui le concept d'aliénation parentale ou SAP (Syndrome d'Aliénation Parentale) fait l'objet d'une importante controverse qui en réalité est basée sur un triptyque.
- Sur la définition de Richard Gardner psychiatre USA, en premier lieu. Ce dernier définit en effet ce syndrome comme un désordre qui a comme première manifestation une campagne de dénigrement de la part de l'enfant contre un parent, campagne non justifiée. Cette campagne de dénigrement est elle-même le résultat d'une combinaison d'une part, d'une forme de lavage de cerveau plus ou moins subtil opéré par un parent (le parent aliénant) et, d'autre part, de contributions de l'enfant relevant donc de certaines caractéristiques personnelles de cet enfant.
- En second lieu, la controverse repose sur le fait que ce n'est pas une maladie mentale répertoriée au DSM-5.
Le DSM-5 est la version la plus récente du manuel diagnostique et statistique des troubles mentaux, parue aux États-Unis en 2013 et en France en 2015. Publié par l'Association américaine de psychiatrie (APA) depuis plus de 60 ans, le *Diagnostic and Statistical Manual ou Mental Disosdres (DSM)*, propose une classification des troubles mentaux. Conçu comme un guide destiné à la pratique quotidienne des professionnels, c'est un ouvrage de référence. Son histoire, rythmée par de grandes étapes dans

son contenu, l'a été aussi par l'expression de divergences inhérentes à tout système de classification. Émanant d'un groupe d'experts internationaux, l'ouvrage tente de décrire les troubles mentaux de façon systématique : caractéristiques diagnostiques, prévalence, évolution, facteurs de risque et pronostiques, questions diagnostiques liées à la culture ou au genre. **Il est toutefois important de noter que cette version nouvelle contient désormais un chapitre « *Problème relationnel parent-enfant* »**. Ce qui implique la reconnaissance psychiatrique de l'existence de troubles dans cette relation familiale.

- En dernier lieu, la controverse résulte de l'existence d'une bataille idéologique de « clan » entre les pro-SAP et les associations de victimes de violences.

Ces dernières ont considéré que le SAP était invoqué par des auteurs de violences pour faire échec à la protection des enfants ou femmes victimes de violences et abus. C'est donc une véritable opposition de clan qui est mise en place

On aura donc compris qu'actuellement, en France, le SAP en tant que tel est remis en cause quant à son existence et quant à son appellation.

Cependant si on fait abstraction de l'appellation de syndrome et de toute référence relative à une maladie mentale, il est patent de noter, à travers les dossiers que nous traitons, des comportements dans certaines familles qui aboutissent à une exclusion parentale.

Il est donc impossible de nier l'existence de ce type de phénomènes révélateurs d'une exclusion parentale.

Afin d'avoir la plus grande objectivité possible, il convient de relire les différentes définitions qui ont été données à ce phénomène par différents auteurs[154].

Pour ne pas entrer dans la polémique, il importe donc de :

- revenir au sens étymologique **A- LIENER** qui signifie ROMPRE LE LIEN ;
- s'en tenir à une définition factuelle : « *toute situation dans laquelle un enfant rejette un parent de façon injustifiée, à tout le moins non expliqué par la relation antérieure* » ;
- relever les signes : à savoir :

- un enfant qui s'allie,
- une absence de raison légitime,
- en regardant toujours la qualité de la relation antérieure avec le parent dont il s'éloigne.

[154] P. Bensussan, Expertises en affaires familiales : quand l'expert s'assoit dans le fauteuil du juge. Annales Médico-Psychologiques 2007 ; B. Bernett, Parental Alienation Disorder and DSM-V. The American Journal of Family Therapy 2008.

Et dont la conséquence est un comportement d'exclusion et une détérioration de la relation

Pour appréhender la réalité du phénomène il faut revenir à la technique et aux manifestations décrites plus haut.

En effet, le professionnel devra être alerté lorsqu'un enfant qui avait une relation parfaitement normale avec son parent avant la rupture du couple parental, s'éloigne de ce dernier sans qu'aucune raison objective, de disputes, de violences, ou autres n'existent.

B. LA RÉPONSE JUDICIAIRE

Le Juge aux Affaires Familiales est le garant de l'intérêt de l'enfant. Il lui appartient de veiller à sa protection et de prendre les mesures adéquates pour assurer cette protection.

La protection de l'intérêt de l'enfant sera alors parfois de maintenir voire de rétablir un lien distendu ou rompu entre l'enfant et l'un de ses parents. Les mesures prises pourront aller de l'organisation de rencontre médiatisée dans des lieux neutres afin d'entourer et d'aider à la reprise de contact et d'échanges entre le parent et l'enfant à la mise en place d'une résidence alternée voire un transfert de la résidence de l'enfant au domicile du parent le plus apte à « *assumer ses devoirs et respecter les droits de l'autre* ».

Ainsi, la résidence alternée de l'enfant au domicile de chacun de ses parents est non seulement permise par la loi mais de plus en plus fréquemment décidée par les Juges, et ce même en présence de relations conflictuelles.

Le transfert de résidence n'est pas rare en présence d'un parent qui déménage pour des raisons de pure convenance personnelle, sans avoir parfois même pris la peine d'en avertir l'autre parent. Il éloigne l'enfant de son autre parent et le soumet à un chamboulement dans ses conditions de vie.

Cette jurisprudence, rendue dans des situations où le délitement voire la rupture du lien parent/enfant repose sur des éléments objectivables, est beaucoup plus timide en présence d'une exclusion parentale non objectivable. Elle n'accepte quasiment plus que l'on se réfère au SAP en tant que syndrome d'aliénation parentale.

Toutefois un certain nombre de décisions montre la prise en compte d'un comportement d'exclusion. Il est intéressant de citer quelques décisions tant nationales qu'européennes pour illustrer nos propos.

Sur le plan interne, différentes décisions sont significatives.

Tout d'abord, une décision du Juge aux Affaires Familiales près le Tribunal de Grande Instance de Toulon du 4 juin 2007. Il a été décidé en l'espèce que : « ***Ces enfants, qui sont victimes du syndrome d'aliénation parentale, dont la mère est à l'origine, doivent maintenant pouvoir en toute sérénité avoir des contacts réguliers avec leur père*** *pour qu'ils puissent renouer confiance avec celui-ci, qui ne doit plus être une source d'anxiété alimentée par la mère. Un droit de visite et d'hébergement progressif sera donc accordé au père.* »
Un arrêt de la cour d'appel de Bordeaux du 3 octobre 2006 mérite également d'être cité car il a relevé que « *Le refus persistant et non motivé (d'une mère) de respecter le droit de visite judiciairement fixé (du père) est de nature à entraîner le changement du lieu de résidence* ».
Un arrêt de la première Chambre civile de la Cour de cassation du 18 décembre 2014 peut aussi retenir l'attention car il a rejeté le pourvoi formé à l'encontre d'un arrêt rendu par la cour d'appel de Bordeaux ayant jugé que l'intérêt de l'enfant justifiait son transfert de résidence au domicile de son père au regard de « *l'inaptitude de la mère à préserver l'enfant des conséquences délétères du conflit parental* ». Dans le cas d'espèce, la mère avait usé de tous les stratagèmes possibles et imaginables pour éloigner l'enfant du père. De nationalité anglaise, elle s'était installée sans l'accord du père et des autorités judiciaires en Irlande, elle n'avait pas respecté les droits de visite et d'hébergement et n'avait pas hésité à déposer plainte en France pour des faits d'attouchement sexuel dont le père aurait été l'auteur. La Cour a estimé que cette attitude ne « *pouvait qu'avoir un effet néfaste sur l'évolution de sa fille* » et « *que le transfert de résidence de celle-ci au domicile du père qui apparaît plus apte à apporter des conditions de vie stables, même si cela implique l'aide de ses parents et de sa sœur devait être ordonné* »[155].
Enfin un dernier arrêt de la Haute juridiction du 31 mars 2016 a été rendu dans une espèce où une mère avait formé un pourvoi à l'encontre d'une décision qui maintenait un droit de visite et d'hébergement au profit du père. La Cour a rejeté le pourvoi notamment en indiquant qu'« *Il est évident que le caractère aliénant de la relation entre la mère et l'enfant n'est pas conforme à l'intérêt de celle-ci et il est urgent de restituer sa place au père en lui octroyant un droit de visite et d'hébergement et en s'assurant de l'exécution de cette mesure. L'exercice de l'autorité parentale sera maintenu afin de permettre à Monsieur Y... d'affirmer son rôle parental.* »[156].

Sur le plan européen, la Cour EDH se réfère parfois expressément dans ces arrêts au SAP.

---

[155] Cass. civ. 1re, 18 déc. 2014, n° 14-10041.
[156] Cass. civ. 1re, 31 mars 2016, n° 14-28058.

Dans un premier arrêt du 31 mai 2005, *Plasse-Bauer c/ France*, la Cour de Strasbourg, se référant au syndrome d'aliénation parentale, a condamné la France pour ne pas avoir « *déployé les efforts suffisants que l'on pouvait raisonnablement attendre d'elle pour rendre effectives* » *les visites d'un parent rejeté par son enfant*[157]. La mère en l'occurrence n'avait réussi à voir sa fille qu'une seule fois en cinq ans, sans la présence du tiers prévu, et dans des conditions catastrophiques.

De la même façon, dans un second arrêt, arrêt *Koudelka c/ République tchèque* du 20 décembre 2006, la Cour européenne des droits de l'Homme vise explicitement le terme « syndrome d'aliénation parentale » dans les paragraphes 35, 39 et 62[158]. La Cour estime que la non-réalisation du droit de visite du requérant est imputable surtout au refus manifeste de la mère, puis à celui de l'enfant, programmé par cette dernière. Elle estime cependant que les tribunaux tchèques n'ont pas pris, en vue d'amener E.P. à respecter le droit de visite du requérant, toutes les mesures que l'on pouvait raisonnablement exiger d'elles dans le conflit très difficile en cause, et qu'ils ne se sont pas montrés assez rapides et systématiques dans leur recours. Par ailleurs, étant donné la conclusion faite par le psychologue en juillet 2002, selon laquelle E.P. compromettait le bon développement de l'enfant, la question se pose de savoir si les tribunaux ont été inspirés dans leurs démarches par l'intérêt de l'enfant.

De l'avis de la Cour, les tribunaux tchèques ont permis que le présent litige soit tranché par le simple écoulement du temps, de sorte que le rétablissement des liens entre l'intéressé et sa fille ne semble plus possible aujourd'hui[159].

II. Les perspectives de travail pour garantir l'effectivité du maintien de la relation parent/enfant

A. LA PRÉVENTION DES SITUATIONS DE DISTANCIATION ET DE RUPTURE

Le délitement du lien de l'enfant avec le parent n'est pas une fatalité. Le prévenir nécessite une réflexion et un travail pluridisciplinaire, chaque intervenant, chaque professionnel amené à être saisi de la difficulté ayant un rôle primordial à jouer. Le premier interlocuteur est souvent l'avocat. L'évolution législative, le recul du divorce pour faute, la pacification des

---

[157] CEDH 31 mai 2005, arrêt *Plasse-Bauer c/ France*, n° 21324/02.

[158] CEDH 20 déc. 2006, arrêt *Koudelka c/ République tchèque*, n° 1633/05.

[159] Pour une autre décision visant expressément le terme de SAP, v. CEDH, 18 janv. 2007, *Zavrel c. République Tchèque*, n° 14044/05 ; spéc. § 16, 24, 28, 45 et 52 de l'arrêt.

séparations, la déjudiciarisation croissante et le développement des MARD (Modes Alternatifs de Règlement des Différends) amènent les avocats à modifier leur approche de la matière familiale et la prise en charge des dossiers.
Les praticiens en droit de famille font régulièrement le constat de l'échec de la réponse judiciaire et de la nécessité de la réserver aux cas « extrêmes » qui imposent une réponse immédiate, urgente et protectrice, réponse incompatible avec la mise en place d'un MARD. Il s'agit notamment et le plus souvent des situations de violences physiques ou psychologiques.
Il reste une très grande majorité de situations parfaitement adaptée à une résolution amiable du différend, et ce même en présence d'un conflit aigu.
L'aide que peut apporter l'avocat passe par la nécessité de se former aux différents MARD et, au minimum, par une connaissance sérieuse de leurs mécanismes. Cela relève de son devoir de conseil qui lui impose d'informer son client de l'existence des différentes solutions adaptées à la résolution de son conflit.
Les modes alternatifs de règlements des différends, et plus particulièrement la médiation et le droit collaboratif, constituent des outils particulièrement bien adaptés lorsqu'il s'agit d'aider les parents à organiser la vie des enfants dans le cadre de mesures adaptées et pérennes.
Ces modes constituent une aide précieuse au maintien voire à la restauration d'une communication apaisée et guidée par les seuls besoins et le seul intérêt des enfants. Diagnostiquer et désamorcer le conflit parental reste la seule garantie pour préserver l'intérêt de l'enfant. Il ne peut s'agir uniquement de régler les modalités d'exercice de l'autorité parentale, de réglementer la résidence de l'enfant, de reprendre les grands principes juridiques de la coparentalité, du maintien des liens de l'enfant avec ses deux parents, autant de déclarations d'intention qui demeureront vaines si le conflit conjugal n'est pas dépassé.
Seule l'instauration d'une communication constructive, d'un dialogue apaisé entre les parents permettra de préserver le développement harmonieux de l'enfant. Un travail très important doit être fait avant que la rupture ne soit effective. Dès que les signes d'un comportement excluant apparaissent, il faut agir vite.

Il faut s'inspirer des pays qui ont de l'avance sur nous dans la prise en charge de ce type de phénomènes et spécialement du merveilleux exemple de COCHEM en Allemagne connu sous le vocable de la pratique de COCHEM.
En substance, après avoir constaté que rien n'était plus solide qu'une décision prise sur la base d'un accord entre les parents, a été constitué une coopération interdisciplinaire avocats, juges, experts, et services sociaux. Dès le dépôt d'une requête auprès du tribunal de la famille, les parents sont

invités à se mettre en contact avec l'office de la jeunesse dans la perspective d'élaborer un arrangement amiable. Dans le cadre de ces consultations tout est fait afin que les parents élaborent eux-mêmes une solution durable. Lorsque, malgré tout, une requête doit être déposée pour régler une question d'autorité parentale, le tribunal de la famille réagit immédiatement et convoque une séance de négociation orale dans un délai de deux à trois semaines, et à chaque étape de la procédure la médiation ou des réunions vont être privilégiées voire ordonnées. Tout le système est basé sur le travail interdisciplinaire des intervenants et la mise en place de structures permettant aux parents de trouver eux-mêmes la solution négociée à leurs différends. Le taux de réussite des accords est extrêmement élevé et à titre d'exemple le tribunal de la famille de COCHEM n'a rendu aucune décision litigieuse en ce qui concerne le droit de garde et le droit de visite en 1996 et en 1999.
Il est à noter que le droit français comprend enfin aujourd'hui que rien n'est plus important qu'une solution négociée entre les parties, gage de pérennité. Malheureusement, les moyens actuels de la justice française ne permettent pas la réactivité extrêmement importante des juges de COCHEM qui peuvent réagir et organiser des audiences en quelques jours à peine et être joints par téléphone ou par fax lorsque cela est nécessaire.

B. LA SANCTION / RÉPARATION

Le temps est le premier ennemi dans ce type de situations de distanciation et de rupture. En effet, l'écoulement du temps sans qu'une action ne soit menée, puis le temps de la justice, peut aboutir à une rupture totale du lien que rien ne pourra réparer avant la majorité de l'enfant.
C'est d'autant plus vrai que la politique des Parquets actuellement est de ne pas poursuivre le parent contre lequel sont déposées des plaintes pour non présentation d'enfant, lorsque l'enfant est grand (adolescent), et que c'est sur la base d'un refus de l'enfant que le droit de visite et d'hébergement n'est pas appliqué.
La frustration du parent éloigné à qui la justice refuse l'exercice de son droit légitime est grande.
Il ressent en effet que non seulement son enfant est éloigné de lui sans raison (en danger à tout le moins moral), et illégitimement, mais que de plus la justice « protège » le parent excluant.
Dans ce type de dossier de rupture totale de lien, il a été noté que des retours de l'enfant vers le parent écarté, pouvaient se faire à l'âge adulte. Dans la pratique, on a également pu noter que lorsqu'un parent exclu n'a plus la force morale de poursuivre des procédures, ou plus les moyens financiers et qu'il cesse donc de se battre judiciairement, l'enfant pourra le lui reprocher comme un abandon. Cependant rien ne répare l'absence du lien et de

construction de tout un pan de la vie de cet enfant avec l'un de ses parents. Il n'y a pas hélas de solution miracle à ce type de comportement, mais des tentatives diverses, pour essayer d'enrayer la rupture rampante et maintenir à tout prix le lien.

On le rappelle, en tout premier lieu, la reconnaissance du phénomène d'exclusion par les juges, les experts et les intervenants dans les dossiers de droits de la famille est primordiale.
En revanche, les solutions qui de prime abord pourraient être considérées comme bonnes telles que les visites médiatisées pour restaurer le lien, le transfert de la résidence de l'enfant chez l'autre parent, ne semblent pas être les plus adaptées afin d'enrayer le mal. Selon Marie-France Hirigoyen (psychiatre et psychothérapeute familiale), la menace de sanction joue un rôle structurant chez les parents aliénants, car ces individus craignent l'autorité. Le juge peut alors imposer une mise à l'épreuve avec la menace d'une modification du droit de visite et d'hébergement, de transfert du droit de garde à l'autre parent, voire une menace de prison. Dans tous les cas, cela aurait au moins le mérite de déculpabiliser l'enfant qui pourrait voir chacun de ses parents avec le prétexte d'éviter au père/à la mère aliénant(e) d'aller en prison.
Il est permis de s'interroger sur les moyens qui pourraient être mis en œuvre sur un plan pénal au travers notamment du délit de violences psychologiques. Les cas d'exclusions parentales ne sont-ils pas susceptibles d'être poursuivis pénalement sur le fondement de ce délit ? C'est ce que la 6ème chambre correctionnelle du Tribunal de Grande Instance de Lyon a retenu dans un arrêt du 1er septembre 2015 en condamnant à une peine de 5 mois de prison avec sursis et une mise à l'épreuve de trois ans avec obligation de soins un père pour violence psychologique sur la base d'un rapport d'expertise psychiatrique ayant mis en lumière un Syndrome d'aliénation parentale.
La perspective de soumettre le parent « aliénant » à une obligation de soins est prometteur et constitue sans nul doute le moyen le plus efficace de désamorcer une situation d'exclusion parentale. La prise en charge de l'enfant seul ne peut constituer une réponse adaptée.
Néanmoins, ce jugement correctionnel est isolé et parvenir à ce résultat relève d'un parcours du combattant qui nécessite non seulement d'être moralement prêt à l'assumer mais également d'en avoir les moyens financiers...

Structures éditoriales du groupe L'Harmattan

L'Harmattan Italie
Via degli Artisti, 15
10124 Torino
harmattan.italia@gmail.com

L'Harmattan Hongrie
Kossuth l. u. 14-16.
1053 Budapest
harmattan@harmattan.hu

L'Harmattan Sénégal
10 VDN en face Mermoz
BP 45034 Dakar-Fann
senharmattan@gmail.com

L'Harmattan Cameroun
TSINGA/FECAFOOT
BP 11486 Yaoundé
inkoukam@gmail.com

L'Harmattan Burkina Faso
Achille Somé – tengnule@hotmail.fr

L'Harmattan Guinée
Almamya, rue KA 028 OKB Agency
BP 3470 Conakry
harmattanguinee@yahoo.fr

L'Harmattan RDC
185, avenue Nyangwe
Commune de Lingwala – Kinshasa
matangilamusadila@yahoo.fr

L'Harmattan Congo
67, boulevard Denis-Sassou-N'Guesso
BP 2874 Brazzaville
harmattan.congo@yahoo.fr

L'Harmattan Mali
Sirakoro-Meguetana V31
Bamako
syllaka@yahoo.fr

L'Harmattan Togo
Djidjole – Lomé
Maison Amela
face EPP BATOME
ddamela@aol.com

L'Harmattan Côte d'Ivoire
Résidence Karl – Cité des Arts
Abidjan-Cocody
03 BP 1588 Abidjan
espace_harmattan.ci@hotmail.fr

L'Harmattan Algérie
22, rue Moulay-Mohamed
31000 Oran
info2@harmattan-algerie.com

L'Harmattan Maroc
5, rue Ferrane-Kouicha, Talaâ-Elkbira
Chrableyine, Fès-Médine
30000 Fès
harmattan.maroc@gmail.com

Nos librairies en France

Librairie internationale
16, rue des Écoles – 75005 Paris
librairie.internationale@harmattan.fr
01 40 46 79 11
www.librairieharmattan.com

Librairie l'Espace Harmattan
21 bis, rue des Écoles – 75005 Paris
librairie.espace@harmattan.fr
01 43 29 49 42

Lib. sciences humaines & histoire
21, rue des Écoles – 75005 Paris
librairie.sh@harmattan.fr
01 46 34 13 71
www.librairieharmattansh.com

Lib. Méditerranée & Moyen-Orient
7, rue des Carmes – 75005 Paris
librairie.mediterranee@harmattan.fr
01 43 29 71 15

Librairie Le Lucernaire
53, rue Notre-Dame-des-Champs – 75006 Paris
librairie@lucernaire.fr
01 42 22 67 13

www.ingramcontent.com/pod-product-compliance
Lightning Source LLC
LaVergne TN
LVHW051401061026
849535LV00009B/3306
* 9 7 8 2 3 4 3 1 7 3 0 9 2 *